知的生きかた文庫

断られない営業マンの質問力

中島孝志

三笠書房

はじめに——どんな営業場面も打開できる「質問力」

セールスほど、「勝ち組」と「負け組」にはっきり分かれる仕事はありません。できる営業マンは、何を売らせても契約を取ってきます。

立て続けに何棟もマンションを売ったとか、法人契約をいくつも取ったという伝説の営業マン話は、この世界では枚挙にいとまがありません。

しかし、話を聞くと、まだ入社半年だったり、異業種からの転職組だったりということが多かったりします。

一方、何年たっても思うように結果を出せず、「営業に向いていないんじゃないか」と頭を抱える営業マン。

いったいどこがどう違うのか——。

ずばり言います。成否を分けるのは「質問力」にあるのです。

「説明力」や「説得力」ではありません。また、熱意は大切ですが、それだけで売れるほど甘くはありません。キャリアや経験、時には知識などというものも関係ありません。

圧倒的な違いは「質問力」にあるのです。残念なことに、ほとんどの営業マンがこの真実に気づいていません。

できない営業マンは〝三つの大きな勘違い〟をしているようです。

①「説得」しようとしない

「この商品には○○というサービスがついているんですよ」

「このサービスの特長は業界初の○○です」

お客さんが欲しいのは、こんなカタログに載っているような情報ではありません。この商品（サービス）を導入すると、どれだけ便利になるか、どれくらい儲かるのか、コストがいくら減るのか、そのメリットが知りたいのです。

説明すればするほど、お客さんの心は離れてしまい、成約、契約は遠のきます。説明する暇があったら、「質問力」で、お客さんの「欲しい！」をピンポイントで刺激することです。

②しゃべりすぎない、語りすぎない

今まで私は、商社、銀行、生保、損保、住宅、教材、訪問販売……と業種は違いますが、いずれもトップ営業マンたちと会ってきました。しかし、話し上手な人はほとんどいませんでした。むしろ「口べた」の人のほうが多かったのです。

実は、そこがいいのです。お客さんは、営業マンに説得されたくないからです。自分で決めたい。それがお客さんです。

だから、できる営業マンは説得なんて野暮なことをしません。そのかわり、質問をすることで、お客さんから話を聞き、信頼を勝ち取り、「この人から買いたい」「契約しないと損だな」と、お客さんをさりげなく誘導しているのです。

できる営業マンは、「聞き上手＝お客さんに信頼される質問力」を持っています。

③商品だけを売ろうとしない

お客さんは商品やサービスを買いたいのではありません。「問題を解決する道具」

が欲しいのです。それがどんな道具なのか、実はお客さんもわかっていません。

まだ気づいていない問題を発見するには「質問力」が欠かせません。質問しながらお客さんと一緒に考える――これが営業マンの仕事です。

営業マンはたんなる物売りではありません。お客さんの困っている問題を解決するトラブルシューターです。

「お客さんを説得するな」
「お客さんから信頼されろ」
「お客さんの問題解決のお手伝いをせよ」

そのために必要なのが「質問力」であり、営業マンには不可欠な力なのです。

中島孝志

目次

第2章

お客に「信頼される営業マン」になる質問力

第3章

「アポ取り」が抜群にうまくなる質問力

第4章

〈シーン別〉売り上げを確実に伸ばす質問力

第5章 「クロージング」が格段にうまくいく質問力

第6章

売り上げ10倍増を実現する「質問力シート」

本文ＤＴＰ／図版作成　株式会社Ｓｕｎ Ｆｕｅｒｚａ

第1章
お客の「買いたい気持ち」に火をつける質問力

売れる営業マン、売れない営業マンの〝決定的な違い〟

私は、経営コンサルタントや物書き、大学やビジネススクールで教えたりと、さまざまなことを行なっていますが、実は法人営業マンのキャリアが一番長く、基本的には今も営業マンだと思っています。

営業という仕事が大好きで、これこそ私の天職です。

どんな仕事も厳しいものですが、その中でも営業が一番きつい職種だと思います。しかし、営業マンになってはじめて一人前の社会人、ビジネスマンになれたと感謝しているのです。

仕事のなんたるかを、お客さんたちから叩き込まれたからです。そのときに知り合ったお客さんとは、今でもおつき合いをさせていただいています。

大企業から中小企業、個人事業主まで広くおつき合いさせていただいてきました。この人たちが中核となって、つまり、営業マン時代に知り合った人脈という財産のおかげで、26歳のときに700人ものメンバーを抱える勉強会を主宰できたのです。

今の私が曲がりなりにもこういった本を書けるのも、お客さんたちのおかげです。
ところで、営業マン時代は業界のトップセールスとして、責任者も任されていましたが、つくづく感じていたことが一つありました。
そして、今でも、「ああ、やっぱり変わらないんだな」と思います。
それは、営業マンは、常に「小さな売り上げの営業マン」と、常に「大きな売り上げの営業マン」の、二つのタイプにはっきり分かれるということです。
これはコンサルタントとして顧問先をいくつか抱える今でも、社内ではっきり表れています。おそらく、あなたの会社でもそうだと思います。

できる営業マンもできない営業マンも、能力はほとんど変わりません。営業の際に使うカタログだって同じですし、データや説得材料をインプットしたパソコンも同じです。熱意や表現力、トークなどの能力もほとんど変わりません。

しかし、一点だけ大きく違うのです。

それが、質問力です。

お客さんから注文を受けたとき、ある営業マンは200万円しか売り上げられないのに対して、質問力のある営業マンは1000万円にしてしまうのです。

もちろんお客さんをダマして、売り上げを水増ししているわけではありません。売り上げを上げながら、お客さんからは心から感謝され、ほかのお客さんまで紹介されているほどです。

一瞬で売り上げを5倍にした営業マン

顧問先の某リフォーム会社のケースをご紹介しましょう。

「母親が車イス生活を余儀なくされた」というお客さんからの問い合わせがありました。

母親がおもに生活していたのはその家の2階でしたが、これでは外出もままなりません。食事も三度三度と2階に運ばざるを得ません。

そこでお客さんは、1階を畳から全面フローリングにして、段差をなくして出入りがスムーズにできるようにリフォームしたいと依頼してきたのです。1階を母親の生活スペースにして、2階を自分たち夫婦が使おうと考えたのです。

山田さんという実直な営業マンはお客さんの依頼通りにしました。お客さんの予算内になんとか抑えた見積を提案して、お客さんに喜んでもらったのです。

後日、見積書をお届けするために先輩の田中さんと、お客さんの家に同行したときのこと――。

田中「お母様、2階のほうが明るそうですね？」

息子「隣の家が平屋だったときは1階でも十分明るかったんだけど、去年、リフォームをして2階建てになったので……。今では1階は、昼でも電気をつけている状態です」

田中「お母様は、1階と2階のどちらを自分の部屋にされたいのですか？」

母親「それは2階の明るいほうがいいに決まっています」

息子「だったらリフォームなんかしないよ。今のままでいい」

田中「2階でもお母様が楽に移動できるほうがいいと思われませんか？」

息子「そりゃそうだけど……、そんなことできるんですか？」

田中「ご提案させていただいても、よろしいでしょうか？」

田中さんは、山田さんよりも、もっと突っ込んだ話をしたのです。田中さんは二つのアイデアを提案しました。

一つ目は、階段昇降機を取りつけるというアイデアです。よく駅の階段で見かけるものです。

二つ目は、ホームエレベーターを取りつける、というものです。これなら、車イスからいちいち降りなくても1階から2階に、2階から1階に一人で移動できます。もちろん、今まで通り、明るい2階ですごせます。

結局、そのお客さんは、1階のすべての段差をなくしてフローリングにリフォームし、さらにホームエレベーターを設置することに決めました。

エレベーター設置となると、壁や玄関のリフォームもしなければなりません。しかし、その代金はすべてお母様が支払ったというのです。

息子夫婦にわがままを言って迷惑をかけたくない、という気持ちになったのでしょう。おかげで売り上げは当初の見積書の5倍に増やすことができました。

「売り上げを増やせ」と言いたいわけではありません。

営業マンとはお客さんの「問題解決代行業＝成功実現代行業＝幸福実現代行業」なのです。

だから、お客さんが喜ぶ提案を懸命に考えなさい、と言いたいのです。

お客は自分が「何を欲しいのか」わかっていない!?

残念ながら、山田さんは営業マンが陥りやすい罠にはまってしまったのです。

お客さんはリフォームをしたかったわけではありません。車イス生活を余儀なくされた母親が楽に生活できるようにしたい、と願っていたのです。お客さんの幸福はここにあります。

しかし、それはお客さんに質問を重ねなければ、なかなかわからないことです。

書店に行くと、われこそはトップセールスだ、伝説の営業マンだ、ということを前面に出した本がたくさん並んでいます。

しかし、ほとんどの本は、自分自身のエゴの追求しかしていません。なぜなら、お客さんの事情をほとんど聞かず、必死に説明し、言いくるめ、説得することに終始している内容ばかりだからです。

私から言わせれば、これらは典型的な〝押し売り〟の方法を述べているようにしか思えません。

セールスの際には、営業マンの猛烈な勢いにのまれたお客さんが、冷静な判断ができなくなる「魔の刻」があります。

そこにつけ入って契約を結ぶタイプの営業マンは、残念ながら今でもたくさんいます。彼らの特徴は契約件数がとても多いことです。

しかし、同時に、キャンセルされることも山ほどあります。

しばらくして、冷静になったお客さんが売りつけられた、自分で判断していなかった、と気づくのです。

こういう営業マンはクーリングオフが怖くて、お客さんからのキャンセルだと予想される連絡にしばらく居留守を使うほどです。

田中さんはお客さんの本当のニーズが知りたかったから、質問をくり返しました。

売り上げが増えたのはあくまでもその結果にすぎません。

田中さんが質問をくり返すことで、お客さんは抱えている問題をもっといい方法で解決できることに気づいたのです。

「お客さんが気づく」ということがポイントです。**営業マンは、説得してはいけないのです。「なるほどそうか、そうだったのか」とお客さんが自分で気づく。こうなると、キャンセルなどありえません。**

一方、山田さんは単なるご用聞きにすぎませんでした。もっと言うと、お客さんの注文通りに商品を運んだだけの運搬業でしかありません。付加価値の高い営業とはほど遠いと言わざるを得ないのです。

しかし、山田さんのことを批判することはできません。なぜなら、彼のような営業マンは世の中に掃いて捨てるほどいるからです。

田中さんと山田さんの差は、質問力にあることがおわかりいただけたと思います。

もしあなたが質問力を身につければ、今まで落としていた売り上げを確実に拾っていくことができます。

売り上げは、少なくとも今の5倍、いや10倍になるはずです。

ひょっとすると、100倍かもしれません。

いずれにしても、質問力を駆使しなかったがために、あちらこちらで売り上げを落としてきたのです。

「質問力を磨く」五つの効果

質問力を使うことによって、次の五つの大きな効果が期待できます。

①疑問がクリアになる

「どうしてわが社の提案がコンペに落ちたのでしょう?」

「ご注文の商品はこちらでよろしいでしょうか?」

わからないから質問する、腑に落ちないから質問する——。質問することで、疑問点、不審点をクリアにすることができます。

②確認とチェックをすることができる

「納品する商品は◯◯を10ケース。納品日は△月△日の午前9時。場所はA工場。ご担当者は山本様でよろしいでしょうか？」

仕事のトラブルは、誤解や錯覚に起因することが少なくありません。トラブルをつきつめて考えてみると些細な確認不足、チェックの漏れが原因になっているのです。

「あのとき質問しておけばよかった」と後悔した経験は誰もがあります。

伝えたつもり、わかったつもり――。しかし、実際には全く伝わっていませんし、何もわかっていないことが多いのです。

③お客さんの気持ちや感想、意見を引き出せる

「◯◯を導入後、社内の雰囲気は変わりましたか？」

「◯◯について、不満点、不足点があれば、お聞かせいただけませんか？」

質問のしかたは直接、間接、人づて、あるいはアンケート調査といった方法があるでしょう。感想や意見を聞く理由は、これらがユーザーの貴重な情報だからです。

一流の営業マンは聞きながら、「それにぴったりのサービスを現在開発中です。来月、完成次第、ご提案させてください」というように、次のセールスにも余念がない

のです。要は質問しながら、次の売り込みの「きっかけ」「チャンス」を仕掛けているわけです。

④コミュニケーションの触媒、合いの手になる

「お元気そうですね？」

「息子さん、もう小学生ですか？」

「利発そうなお子さんですね？」


セールスには全く関係ありません。しかし、こんな合いの手を商談の中に入れることによって、場を和やかにしたり、お客さんの機嫌をよくすることができます。無難と言えば、無難な質問ばかりですが、会話の潤滑油としては非常に効果を発揮します。

⑤お客さんの購入の動機づけ、モチベーションアップにつながる

「お支払いの家賃、トータルするとすごい金額になりますね？　こんなに払って、将来、お客さんのものになるんですか？」

なぜ、質問力が大事なのか――5つのポイント

①疑問がクリアになる

わからないこと、腑に落ちないことなどの疑問点、不審点をクリアにすることができる。

②確認とチェックをすることができる

仕事のトラブルは、誤解や錯覚に起因することが少なくない。質問することで、確認不足やチェックの漏れがなくなる。

③お客さんの気持ちや感想、意見を引き出せる

感想や意見を聞くことで、貴重な情報を知ることができ、次の売り込みのチャンスにもつながる。

④コミュニケーションの触媒、合いの手になる

質問をすることで、場を和やかにしたり、お客さんの機嫌をよくすることができる。質問は会話の潤滑油としても効果を発揮する。

⑤購入の動機づけ、モチベーションアップにつながる

質問は、購入への強い動機づけになり、クロージングの決め手にもなる。

これはマンション販売業者のケースです。家賃で消えてなくなるよりも、資産として残る。いざというときは担保にもなるから、マンションを買いましょう、という提案をしているわけです。これは強い動機づけになります。クロージング（成約）の決め手になるのです。

■隠れたニーズを引っ張り出せ！

質問力を使えばいろんなことができますし、いろんな効果が期待できます。しかし、その中でも特に重視すべき狙いは、**「お客さんに自分のニーズを気づかせる！」**ということです。

「お客さんは自分のニーズくらいわかっている」と反論されそうですが、そんなことでは結果は出せません。

もし、「お客さんの真実」を知ることができれば、あなたの成績はもっともっと伸びます。

お客さんのニーズなんてものは「仮そめのもの」にすぎないのです。

「本当のニーズ」は隠れています。

本当のニーズには、お客さんも営業マンもまだ気づいていません。

まずこれを記憶してください。

お客さんが気づいていないニーズを営業マンが引っ張り出してあげるのです。本当のニーズを質問力を使って引き出す、浮き彫りにする、導き出す、掘り起こすのです。

お客さんは、売り上げを上げたい、利益をもっとたくさん出したい、コストを下げたい、もっと便利にしたいなど、「不満」をたくさん抱えています。

もちろん不満を自覚していないお客さんも少なくありません。

しかし、もっと成功したい、もっといい暮らしがしたい、もっと幸福になりたい、と考えないお客さんは一人もいません。

営業とは、そんなお客さんたちに質問をして、本当のニーズを見つけ、それを解決できる道具を提案するのが仕事です。「本当に欲しかったのはこれではありませんか？」と提案してあげる仕事なのです。

■「お願いします！」は言ってはいけない

残念ながら、質問力を会社ぐるみで勉強して、営業マン全員にマスターさせ、業績をアップさせようと考える経営者はほとんどいません。ましてや、質問力の威力に気づいている経営者はほんのわずかなのです。

なぜ、質問力を駆使できないのかと言えば、次の三つの原因があります。

①何を質問していいのかわからない

お客さんに何を聞いていいのかわからないのです。そのために、「どちらからいらしたんですか？」「何をお求めですか？」「どう思いますか？」といった、お客さんがしらけてしまいそうな質問しか浮かばないのです。

②いつ質問すればいいのかタイミングがわからない

質問力はリズムです。間があきすぎてもいけませんし、次から次へとまるで尋問のように質問しては、お客さんは疲れてしまいます。

③質問力の威力をわかっていない

営業で質問力を駆使して結果を出した経験がほとんどないのでしょう。そのために、質問力の威力をわかっていません。

ほとんどの経営者は、「営業とは汗と涙と根性で学ぶものだ。何回もお客さんのところに通って真心をわかってもらえ。商品やサービスを売るのはそれからだ」「商品（サービス）を売る前に自分を売れ！」と考えています。

努力や熱意は大切です。しかし、それがすべてではありません。

質問力は特に重要な営業ツールです。質問力をマスターしなければ、営業マンとしてはとても損をしてしまいます。

質問力の威力を熟知している人は、従業員や部下あるいは後輩や新人に対しても、きちんとトレーニングしています。そういう会社やチームはほかとは比べるまでもなく業績を上げ続けています。

社内で質問力をアップさせる勉強会を開催して、お互いに研鑽《けんさん》しているのです。そういう環境に運よく巡り合わせた営業マンは幸福です。なぜなら、営業で一番重要なスキルを身につけることができるからです。

汗と涙を流してゴールインすることも大切ですが、もっとスマートに、もっとお客さんから感謝されて、結果を出すことはもっと大切です。

「質問力など聞いたこともない」と言う経営者や上司は、「先輩と同行してセールスのなんたるかを見て勉強しなさい」で終わりです。

その先輩のセールスたるや、米つきバッタのごとく、「助けると思ってぜひ契約してください。契約が取れないとクビになるんです。今回だけ、今回だけ、なんとかお願いします」とお客さんの情けにすがるようなセールスを展開します。

従順な新人は立派な米つきバッタになるでしょう。こういう人材しか育たない環境では、米つきバッタの再生産がくり返されます。

まともな新人なら、「セールスという仕事はこんなに情けないものなのか。転職しよう」と考えるでしょう。

先にも述べた通り、営業マンはお客さんの「問題解決代行業＝成功実現代行業＝幸

質問力を駆使できない三つの原因

1　何を質問していいのかわからない

聞くべきことがわかっていないので、お客さんがしらけてしまう質問をくり返してしまう。

2　いつ質問すればいいのか タイミングがわからない

質問力はリズムが大切。次から次へと尋問のように質問してはいけないし、間があきすぎてもいけない。

3　質問力の威力をわかっていない

質問力を駆使した営業をした経験がないため、その威力に気づいていない。

↓

お客さんの信頼を得るためにも、質問を駆使することが重要になる！

福実現代行業」です。そんな人間が米つきバッタでいいわけがありません。

お客さんの自己実現をお手伝いする「パートナー」であることを自覚しなければならないのです。

お客の関心にピンポイントで迫る

お客さんは商品やサービスが欲しいわけではありません。問題を解決したいのです。この点を勘違いしている営業マンが多すぎます。

お客さんは今抱えている問題を解決したいのですから、それがいったいなんなのか、質問しなければ知ることができません。

まずはここから始めましょう。**「○○が欲しいんだけど」とお客さんがあなたに言ってくるニーズ（注文や要望）は、まだ、本当のニーズを知らないお客さんがとりあえず、あなたに相談しているにすぎないのだ、と考えてみてください。**

この真実に気づくだけでも、これから、あなたのセールスのやり方は変わります。

現実のケースを取り上げて具体的に考えてみましょう。今回のお客さんは家電量販店で冷蔵庫を買おうとしている30代の夫婦です。

販売員「冷蔵庫をお求めですか？」
女性「今使っているのが古くなったので……」
販売員「売れ筋はこのあたりの商品です。きれいな色でしょう？」
男性「ずいぶん大きいな。電気代、相当かかりそうですね……」
販売員「ご安心ください。従来の品と比べて3割も電気代がカットされます」
男性「そうなんだ？　でも高いよなあ」
販売員「これからのことを考えますと、電気代も消費税もどんどん上がりますよね？」
男性「今の冷蔵庫、10年前のものだから、今のものと比べて電気代は、そうとうかかっているんだろうなあ」
販売員「メーカーも消費電力を一番気にしてつくっています。お客様も電気代が気になりますか？」
女性「当たり前よ。給料が増えないんだから節約しなくちゃ。これ、冷凍庫が大きいし、ペットボトルもたくさん入りそう。買ってもいいでしょ？」

男性　「どうせ君が使うんだもんな、いいよ、これで」

これもさりげなく質問力でお客さんを「その気（買う気）」に誘導しています。さりげない質問でお客さんの関心が電気コストにあると気づくと、即、話題を切り替えています。

質問を何回か繰り出していると、ここに関心があるんだな、というポイントに迫ることができるのです。

お客は〝他人がすすめるもの〟は欲しくない

説明したら売れません。

説得しようとしたらもっと売れません。

なぜなら、お客さんは説得されたくないからです。

お客さんは自分で決めたい、自分で選びたい、と考えているのです。他人のすすめるものなど欲しいと思っていません。

実はここだけの話、お客さんという人種はあなたが想像するよりもずっと傲慢《ごうまん》な独裁者なのです。もちろん、だからと言って嫌なヤツではありません。お客さんという立場は絶対的権力者なのだ、と理解しておいてほしいのです。

説得すればするほどお客さんが引いてしまう理由は五つあります。

①金を出すのは自分だ、という絶対的優位な立場にある
②お客さんは前提として、営業マンは自分のためではなく、成績のためにセールスしていると考えている
③お客さんは営業マンに対して、聞きたいことだけに答えてくれればいい、それ以外はよけいなことだと思っている
④買うかどうか決めていないのに、今ここで買えだって？　ふざけるな！　と思っている
⑤お客さんは、自分で考え、自分で選んで、自分で決定したい。他人に強要されたく

ないと考えている

お客さんは、独裁者だと思いませんか？　ああだこうだとすすめるよりも、さりげなく「その気」にさせるほうがずっと賢明なのです。

では、どうやって刺激するか？

もちろん、質問力でその気にさせるしかありません。

実は、先ほどの家電量販店の夫婦には後日談があります。冷蔵庫を搬入するとき、売り場で対応した販売員が納品にもつき添っていたのですが、冷蔵庫を入れ替えるときに、こんなことを質問しました。

販売員「このエアコン、どのくらい使われていますか？」

女性「5、6年は使っています」

販売員「電気代、馬鹿にならないでしょう？　冷蔵庫とエアコンがご家庭で一番電気代がかかることはご存じでしょう？」

男性　「そうらしいですね」
販売員「そう言えば、突然の停電にも対応できるように、夜中に充電してしまうタイプが出ました」
女性　「知ってる。夏に電気が止まっても大丈夫なものですよね」
販売員「そうです。でも、電気が足りなくなる時期はいつなんでしょうか？」
男性　「そりゃ真夏だよ。それ考えると困ったなあ」
女性　「一昔前のだから電気代もかかっているだろうし」

結局、ボーナス払いの分割で、エアコンも購入してもらえることになったのです。

注目してもらいたいのは、商品説明をほとんどしていないということです。説明はお客さんから求められたらすればいいのです。商品について知識があるとついつい話したくなりますが、我慢しましょう。

「この商品はこんなにすごいんですよ」
「ほかの製品と違ってこんな機能があるんですよ」
「これが特長です」

どこの家電量販店でも販売員はメーカーの技術者を講師に夜中まで勉強していますから、情報は嫌と言うほど持っています。そして、勉強熱心な販売員ほど説明したがるのです。残念ながら、説明や説得をすれば商品は売れません。

先ほどの食いつきが嘘のようにさっと買う気を失ってしまう。それがお客さんなのです。

製品のことばかり勉強しても意味がありません。お客さんの心理を勉強していない人に限って、この手の落とし穴にはまってしまうのです。

セールスは「聞くだけ」で成立する

説明も説得もせず、質問するだけでもセールスは完璧に成立するのです。なぜなら、お客さんは説明も説得も望んでいないからです。

車の購入のときにしても、何馬力もあって、加速もよくて、ということをいくら言われても、そもそも馬力がなんなのか知っている人がどれだけいるでしょうか。

私は約40年間も車に乗っていますが、今まで乗ってきた車が何馬力だったのか、1台も知りません。そもそも関心がありません。

馬力を説明されて、それならパワーがあるな、箱根の坂も楽に上れるぞ、とわかる人はほとんどいないでしょう。

世の中のほとんどの営業マンがやってしまうのが、この手のスペックの説明なのです。お客さんには知識や経験がないのですから、そもそも会話が成立するはずがありません。

それに気づかずにセールスをすれば、お客さんの買う気がどんどん失せるのは当たり前です。ここは質問力を駆使しましょう。ある車の営業マンとAさんの会話をご紹介します。

営業マン「お客様、洗車ですか？　暑いのに精が出ますね」
Aさん　「車と一緒に水浴びできるんだ」
営業マン「そうですね。一挙両得ですね。私、B自販の○○と申します。このエリアを担当しておりまして、ただ今ごあいさつでこのあたりを回らせていただだいております。それにしてもいいお車ですね。こんな車を見せられるともう売る気がなくなります」

Aさん「どうして？」

営業マン「性能、デザイン、カラー。理想的じゃないですか？　これ以上の車はそうそうありませんからね。いい車はやっぱりいいですよ」

Aさん「でも、どんな車でも飽きるものだよ。3年に一回は買い替えている。この車だってトラブル続きだよ」

その後、質問されるがままに、「実は電気系統のトラブルが多くて、ほぼ毎月、修理工場に入れていること」「この前も高速道路でハザードランプが点滅したこと」などとAさんはグチをこぼしたのです。結局、Aさんはこの営業マンから車を買うことになりました。

もし、このとき、ドアフォンを押して正面からセールスしていたとしたら、100％購入しなかったでしょう。

外で洗車をしているときに、「洗車ですか？　暑いのに精が出ますね」という絶妙の問いかけをしたことでタイミングをとらえたのです。

確実に「第一関門」を突破する質問法

営業マンがよくする失敗に、お客さんが聞く気もないのに、全力で説明を始めるということがあります。

お客さんはスタンバイしていないのに、突然、スタートラインに連れてこられて、よーいドン、と100メートル競走をさせられるようなものです。これではお客さんはたまりません。限りなく押し売りに近いセールスです。

飛び込みセールスがほとんど空振りに終わるのは、営業マンの能力不足に原因があるのではなく、逆に能力が全開になっていることにあります。

お客さんにとって、営業マンとの対決（まさにダメな営業マンは対決しています）はただでさえストレスになります。であるにもかかわらず、聞く気にもなっていないときに無理矢理セールストークを始めるのですから、二重三重のストレスになっているのです。

お客さんは聞く気がないのに、営業マンはエンジン全開――。

これではリズムが合いません。お互いのリズムが合わなければ、売買が成立するわけがないのです。

そういう意味では、かつて実家に現れた営業マンはみごとなセールスを展開しました。横で聞いていても、「うまいなあ」と高校生ながらに感心しました。

この営業マンは、いきなり垣根から話しかけてきました。

営業マン「素敵な花ですね。丹精込めて育てられたんでしょうね」
父親　「はあ……」
営業マン「どうすればここまで立派に育つんですか？」
父親　「手塩にかける。子育てと同じです」
営業マン「なるほど。勉強になります。ところでこの花はなんという名前ですか？」
父親　「これは○○という花です。花が好きですか？」
営業マン「猫の額ほどの庭なんですが、花の栽培を始めたところです」

この営業マンはマツダの販売員でしたが、父ははじめてトヨタ、日産以外から車を購入しました。父はメーカーの違いなど気にしていませんし、極端な話、動けばいいというレベルの認識でしたから、どこで買ってもよかったのでしょう。

どうせ買うなら、楽しい人、話の合いそうな人、感じのいい人から買いたい、と思うのが人間です。

父のようなタイプに、いきなり商品説明から入ってもうまくいきません。別に、車に詳しくなろうなんてはなから思っていないからです。懸命に訴えたところで、「そんなもの必要ありません」と言われて終わりです。

興味も関心もない、聞こうという準備すらできていない。そこに聞きたくもない商品説明の連打では、馬の耳に念仏、途労に帰すのは当然です。

ここでもそうですが、営業マンにとって受付や玄関は大きな大きな第一関門になります。ここを突破することがいかに難しいか。

ここさえ突破できれば、ある程度のところまではセールスできるのです。これはあなたもご経験ずみでしょう。

受付、玄関の突破に堂々と挑んで失敗するよりも、そういうところは回避して、お客さんにセールスすることを選んだほうが絶対に得です。受付や玄関を通らないセールスを、一度考えてみましょう。

今回のように、お客さんが家の外に出ているなんて、営業マンにとってはベストのタイミングでしょう。もしかすると、あの営業マンは外に出ているお客さんばかり選んでセールスしていたのかもしれません。

けど、やはり重要なことは、そこで何を発するか？　どんな質問力をくり出すかです。ここで勝負は決まってしまうのです。

お客の「断り文句」は三つしかない！

私は営業マン生活のほとんどを法人セールスですごしましたが、圧倒的に多かったのは従業員5000人以上の大企業です。

営業マンにとって、お客さんの規模の大小はほとんど関係ありません。大企業相手だから、特別に変わった営業法をするわけでもありません。

また、ご家庭を中心に訪問販売する営業マンだからと言って法人セールスとは全く違うスキルが必要なわけでもありません。

しかし、一点だけ異なるとすれば、**法人セールスでは必ず受付を通らなければならない**、ということです。

会社にいきなり飛び込みセールス（アポなし訪問）をしても、受付でやんわりと拒絶されるのが落ちです。

法人セールスの経験がない営業マンは「会社訪問は難しい」「アポが取れない」「アポの取り方がわからない」「社長さんに会うのが怖い」「共通の話題がないから話が広がらない」「なんの知識もないから馬鹿にされる」などの理由で尻込みしてしまうのです。

訪問販売の経験のない営業マンも同じで、「飛び込みセールスは効率が悪い」「インターフォン越しに断られるだけ」「話など聞いてくれない」「インチキ商品を売りつけに来たと誤解される」「押し売りと勘違いされる」などの理由で、こちらも尻込みしてしまいます。

くり返しますが、営業という仕事は、お客さんの「問題解決代行業＝成功実現代行業＝幸福実現代行業」です。

この大原則を忘れてはいけません。

断り文句という言葉があります。常套句として断り文句は決まっているのです。しかも、そんなに種類があるわけではありません。

①間に合っています
②今、手が離せないので
③もう持っています

せいぜいこんなものです。

しかし、本当に間に合っているのでしょうか？　今までの商品やサービスは本当にお客さんのニーズを満足させているのでしょうか？　お客さんが自分のニーズを理解しているかはなはだ疑問です。

今、手が離せないならば、「あとでもう一度、うかがってもよろしいでしょうか？」、もう持っていると言われたら、「無料でメンテナンスいたしましょうか？」と質問すればいいのです。

営業マンが毛嫌いされる〝本当の理由〟

ところで、どうして話も聞いてもらえずに断られてしまうのか、お客さんの気持ちを考えてみたことがありますか？　お客さんが営業マンを毛嫌いする理由にはこんなことがあります。

①本当に時間がないから話を聞く暇がない
②営業マンの話（情報）に価値がないから
③どうせ断ることになるのだから話を聞きたくない
④欲しくもないものを売りつけられたくない
⑤断れない性格だから会わないようにしている

みんな忙しいのです。「な〜んだ、そんなことか」という程度の内容なら聞きたくありません。「こんなものいらない」という商品やサービスを、しつこく売ろうとする営業マンとはつき合いたくありません。

なかなか帰らない営業マンを相手にすると疲れてしまいます。

これでは、お客さんはストレスを感じ、営業マンを毛嫌いするようになってもしかたありません。どうせ断るのだから聞くだけ無駄、会うだけ無駄と判断してしまうのです。

車、生命保険、浄水器、教材などは、ほとんどの人がすでに契約していたり、持っていたりしますが、本当にニーズに合っているものを持っているかどうかはわかりません。

「お客さんのニーズは所詮、仮そめのものにすぎない」という話を先にしました。買い替え、変更を本当は求めている可能性があるのです。

たとえば、あなたのおかげで、今加入しているものより、お得な生命保険を契約できたらお客さんは必ず喜ぶはずです。

今や日本人の半分が罹患《りかん》する癌にしても、先進治療は一回で200万～300万円はかかります。私たち夫婦も、三大疾病のみの保険から、癌の先進治療もカバーできる保険に慌てて切り替えました。

この生保の営業マンには感謝しています。私は自分の保険について全く知らなかったからです。

しかし、このようなことは、何も私だけに当てはまることではなく、多くの人が五十歩百歩です。

そういう意味では、**プロフェッショナルにきちんとチェックしてもらいたいというニーズは少なくない、**と思います。

たとえば、今や日本は地震国であると誰もが認識しています。地震保険は人気があります。関連商品も売れています。

それは、お客さんがニーズに気づいたから爆発的に売れているのです。気づかなければ売れていません。

だから、営業マンは質問力を駆使して、お客さんに気づかせてあげなければならないのです。

連戦連勝の飛び込みセールスを可能にした一言

今、話し方やプレゼン、あるいは表現法に関する本やセミナーが人気ですが、営業マンは話すことよりも聞くこと、そして質問力を身につけたほうが結果が出ます。いろんなことを勉強するのはいいことですが、どうも方向違いの努力を懸命にやっているような気がしてなりません。

営業には切り返し話法という立派な手法もありますが、これも効果があるのか疑問です。

と言うのは、お客さんの意見や感想を素直に聞こうとせず、反論ばかりしている営業マンを時々見かけますが、お客さんと議論していったい何が生まれるというのでしょう。

どんなに完璧に論破したところで、「なるほど、あなたの言う通りだ」と感心して、お客さんは契約してくれるわけではありません。

かえって、「人の言うことに耳を貸さない意固地なヤツだ」という烙印《らくいん》を押されて、下手をすると、出入り禁止になってしまいます。

大切なことは議論に勝つことではありません。営業で一番大切なことは、お客さんの問題を解決してあげること。そして、契約してもらうこと。買ってもらうことです。

議論にいくら負けたっていいのです。たとえ負けても契約が取れればあなたの勝ちなのです。

一流の営業マンはお客さんにさりげなく勝ちをゆずり、気持ちよくさせて、しっかり契約を取っています。

「損して得取れ」という言葉がありますが、営業マンはこの言葉を噛み締めなければいけません。

質問力は飛び込みセールスでももちろん、効果があります。

営業マン「社長はいらっしゃいますか?」

受付「はい」

営業マン「このたび、このエリアを担当することになりましたA社の○○と申します。最初に社長にごあいさつをと思いましてまいりました。ご多用の中とは

　　　　重々存じておりますが、ぜひお取り次ぎをお願いいたします」

受付「お約束はいただいておりますでしょうか？」

営業マン「いえ、ありません」

たいていはこのように、やんわりと拒絶されて帰ることになります。

私は会社相手の飛び込みセールスは基本的にすすめません。なぜなら、お互いに忙しい中、アポなし訪問は非礼だからです。

しかも、中小企業では取締役や部長職と会っても話はなかなかまとまりません。彼らにはそもそも決定権がないからです。経営者に会わなければ話になりません。

では大企業はどうかというと、アポなし訪問に対しては、受付で拒絶するよう厳命されているのがほとんどです。

結果、飛び込みセールスが有効なのはアポをいちいち取らなくてもよい、訪問販売などに限られるのです。

それでも、あえて会社相手のアポなしセールスをするのなら、質問力を駆使するようにしましょう。

このとき一番効果を発揮するのが、**「御社の売り上げを3倍にするアイデアを練ってまいりました」**というフレーズです。

これは効きます。

「そんなバカな！」と思いつつも聞くだけは聞いてみよう、となるのです。受付嬢もまさかと思うのか、経営者に電話を取り次いでくれます。そして、「そんなに言うなら聞かせてもらおうか」となるのです。

どうして受付という関所を通してくれたかというと、簡単なことです。話を聞いたほうが得だからです。

「お客さんが営業マンを毛嫌いする理由」をご紹介しましたが、この理由をすべてつぶしてしまえばいいのです。

お客さんはたとえ時間があってもメリットのない話は聞きたくないのです。逆に言えば、メリットさえあると思えば、時間をやりくりしてでも聞きたがるのです。

ポイントは、あなたの情報に価値があるかないか、なのです。

〝アポなし訪問販売〟で使える質問力

もちろん、訪問販売でも同じです。「お客さんが営業マンを毛嫌いする理由」をつぶしてしまえばいいのです。

お客さんの断り文句は、「間に合っています」「今、手が離せないので」「もう持っています」の三つです。これらをつぶしていけばいいのです。

●訪問販売営業マンにお客さんが心を開く質問力①

営業マン「A社の○○と申します」
お客さん「セールスならお断りします。マンションの入り口に書いてありませんでしたか?」
営業マン「そうですか、残念です。ところで電気代を激減させたくはありませんか? 今、このマンションのみなさんに電気代カットの方法をお知らせしているのですが……、この情報は不要ですね?」

お客さん「ちょっと待ってよ。時間はどのくらいかかるの？」
営業マン「5分くらいです」
お客さん「わかりました。5分だけ聞かせていただきます」

話を聞いてもらえることになれば、もう契約は目前です。一度、お客さんと話し始めれば、結局30分はかかります。なぜなら、お客さんは得する情報を聞きたがるからです。

●訪問販売営業マンにお客さんが心を開く質問力②

営業マン「釈迦に説法で恐縮です。電力会社の総括原価方式によって、ユーザーの電気代はずっと上乗せされています。値上げされた上にさらに電気代と消費税をこれ以上取られたいと思われますか？」
お客さん「嫌ですね。それではたまりません」
営業マン「今、お客様の地域で電気代を節約できるプランを説明して回っております。2、3分でわかる簡単なお話です。お客様にもお知らせしたいのですがいかがですか？」
お客さん「わかりました。エレベーターで8階に来てください」

お客は「自分の話」を聞いてもらいたがっている！

私は、精一杯説明したり説得しているのに、お客さんが全く聞く耳を持ってくれなかったので、話を聞く側に回ったことがあります。

すると、とたんにお客さんの態度が変わったのです。まさに質問力の威力を再認識した瞬間でした。

これは、流通業を全国的にチェーン展開する創業者にセールスしたときのことです。

私は当時、営業マンになったばかりの26歳でした。

なんとか大企業にセールスできるチャンスを得たので、わざわざ提案書をまとめて、一枚一枚、紙芝居のようにして説明したり説得したりと努力したのですが、真剣に聞いてもらえない。さらには、ひっきりなしに部下が指示を仰ぎに来るので、話を中断されるのです。
ああ、無駄な時間をすごしてしまった、と私は疲労を感じ、セールスは潔くあきらめることにしました。
まあ、帰る前にこの経営者の哲学とかマネジメントのキモのようなものを聞かせてもらえれば、会った甲斐があるというものです。それでよしとしよう、と生意気なことを考えていました。

私　「ところで会長、よくまあ、短期間にこれだけの会社をつくりましたね？」

創業者「ん？　まあな。運がよかったんだ。仲間はみな死んでしまった。私はあの戦争を死なずに生き抜いた。これは運だ」

私　「運ですか？　運だけでここまで大きくできるのですか？」

創業者「戦地での苦労に比べればたいしたことはない。必死に生きたらこうなった。私たちの世代の連中はみなそう思っているはずだよ」

私　「そうですか。戦地でそんなに苦労されたのですか？」

創業者「死ぬ以上の苦労をした。それを思えばなんでもできる」

それからは話が止まりませんでした。部下が決裁を仰ぎに来たら、「あとにしなさい」のひと言。以来、誰も部屋に入ってこなくなりました。

結局、この日は2時間ものワンマンショーで話を聞くことになりました。どういうわけか気に入られたらしく、その後、何度もお邪魔することになり、契約を結ぶことができたのです。

どこが潮目だったかというと、セールスの話をやめてからです。営業マンの端くれとしてはとても信じられませんでしたし、認めたくありませんでした。

なぜなら、商品やサービスなどどうでもいい、ということに等しいのですから。しかし、現実にはそうだったのです。

商品説明はいらない、説得力などあればよけいに売れなくなってしまう。それよりも、お客さんの話を真摯に聞いてあげること。それが結果を左右するのです。

この経験以来、セールスのキモのようなものが少しわかったような気がしました。

それはいったいどんなことか——。

人は他人の話など聞きたくない。そんなことよりも、自分の話を聞いてもらいたいがっているということです。経営者などは特にそうです。自慢話、苦労話、立志伝、サクセスストーリー……など、お金を払ってでも聞いてもらいたいのです。

お客さんにとっては、営業マンは自分をいい気持ちにさせてくれるエンターテイナーです。

聞き上手とは、お客さんが聞いてほしいことを理解し、ピンポイントで質問したり、絶妙のタイミングで合いの手を入れて相手を乗せる名人のことなのです。

第2章

お客に「信頼される営業マン」になる質問力

トップ営業マンは、みな名カウンセラー

「人の心をつかむには、カウンセラーであり、心理学者であり、精神科医でなければならない」

これは「営業マン」としての私の持論です。

もちろん、本当にそれらのプロフェッショナルとして活躍せよ、というわけではありません。そういう資質があればいい、と申し上げているのです。

トップ営業マンのみならず、一流の経営者、優れたコンサルタント、ファンの多い芸能人など、人気も人望もある人はみな、他人の心を一瞬にしてわしづかみにするプロです。こういうプロ中のプロは必ずカウンセラー、心理学者、精神科医という側面をどこかに持っているものです。

カウンセリングの手法は営業マンにも極めて有効だ、と私は考えています。というのも、カウンセリングとは、自分の意見や提案を一方的にお客さんに押しつけるのではなく、逆に、お客さんが本当は何を望んでいるのか、どんなことを考えているのか、

今、どう思っているのか、「質問力」というカウンセリング手法を通じて引き出そう、とするものだからです。

カウンセリング手法、心理学、精神分析などを修得すれば、営業マンとして強いスキルになることは言うまでもありません。これらのスキルをベースにしている営業マンはお客さんから愛されます。

特に本章で紹介するスキルは、質問力をスキルアップさせるだけでなく、お客さんから真に信頼される営業マンになるためにも必須の情報ばかりです。

「お客のカウンセリング」六つのコツ

カウンセリングで特に大切なものは次の六つです。

①受容する

どんな内容でも、「なるほど」「うんうん」「そうですか」と受け入れます。間違っても、「そんなことはありません」「それは違います」「それは、間違っています」などと言ってはいけません。

途中で相手の発言を遮ったりもしてはいけません。「おかしいな」と感じても素直にありのままに受け容れます。

もし相手が間違っていれば、話をするうちにつじつまが合わなくなってきて、「あれ、私、変なことを言っている」と自分で気づくようになるのです。

②傾聴する

情報は相手が持っているのですから、徹底的に聞きます。営業マンがアドバイスするならば、ありとあらゆる情報を集めてからでなければできません。相手に関する情報をとことん集めるために傾聴するのです。

③共感する

相手の話をちゃんと合いの手を入れて聞きます。「なるほど、そうですか」「その気持ちはよくわかります」と共感してあげます。すると喜んでもっと心を開いてもらえるのです。

④感情の反射をする

変な日本語ですが、平たく言うと、相手の発言をまとめるのではなくて、今述べたことをそのままオウム返しにくり返す、ということです。

お客さん「もう、あんな商品はいりません」
あなた「えっ、あの商品はもういらないのですか？」
こんなコミュニケーションを進めるのです。

⑤感情の明瞭化

わかりやすく翻訳して相手に返します。

お客さん「やる気がなくなってしまいます」
あなた「ということは、もうお話もしたくないということですか？」
こんなやりとりを展開します。

⑥非指示的リード

わかりにくい表現（専門用語ですからしょうがない）ですが、相手から話（＝情報）をもっと引き出そうとするとき、特定の問題や気持ちについて話してもらおうとせず、聞きたい対象について大ざっぱに聞いてみるのです。

「それについてもう少し詳しく話していただけますか？」

「それはどういう意味ですか？」

こんな質問力をくり出すのです。人間は自分の話を誠実に聞いてくれる人には心を開いてくれます。

「新米カウンセラーほどサービス過剰になる」

ベストセラー『プロカウンセラーの聞く技術』（創元社）の著者で、京都大学教授・臨床心理士でもある東山紘久氏は、長年のカウンセラー経験の中から、「新米カウンセラーほどサービス過剰になる」と苦言を呈しています。

お客をカウンセリングするときのポイント

①受容する

お客さんの話は、どんな内容でも「そうですか」と受け入れる。お客さんの話を遮ったり、否定したりしない。

②傾聴する

相手に関する情報を集めるために、徹底的に話を聞く。

③共感する

「なるほど、そうですか」「その気持ちはよくわかります」などの合いの手を入れながら、お客さんの話を聞く。相手に共感を示すことで、心を開いてもらうことができる。

④感情の反射をする

相手が述べたことをオウム返しにする。

⑤感情の明瞭化

「ということは、もうお話もしたくないということですか？」というように、相手の言葉を翻訳して、相手に返す。

⑥非指示的リード

特定の問題や気持ちについて話してもらおうとせず、聞きたい対象について大ざっぱに聞いてみる。

それを聞いて、カウンセラーは大変な仕事だな、と私は痛感したことを覚えています。なぜなら、相談者（クライアント＝患者さん）はトラブルを解決したくて門を叩きます。

ところが、カウンセラーは自分では解決手法をアドバイスしないのです。と言うか、してはいけないのです。

では、どうするかと言えば、相談者に解決させる、と言うのです。相談者が自分でトラブルの原因に気づいて、自分で解決方法を見つけて、自分から動きだすまで、カウンセラーはじっくりつき合う、というわけです。

これがカウンセリングの大原則です。

一般の医師であれば、データと経験、問診などで、「原因は○○です。薬を処方しておきます」とか「手術が必要です」と診断を下します。

ところが、カウンセラーはそうせずに、本人が気づくまで見守るのですから、よっぽど我慢強くないとできません。相談者の心のトラブルよりも、カウンセラーの精神バランスのほうが心配になってきます。

新米カウンセラーは、カウンセリングの大原則を逸脱してしまう——。新米は待てないのです。

「自分ならこうする！」「こうしたらどう？」とついつい善意でアドバイスしてしまうのです。

残念ながら、「こういうアドバイスが相談者にとって役に立つことはほとんどありません」と東山さんは断言しています。

参考までに、こういう逸脱行為をカウンセリング業界では「いかれ現象」と呼んでいるそうです。

営業マンがお客さんに対するとき、カウンセラーがするがごとく、ある程度の距離感を保ちながらセールスすることなど想像もできません。

ほとんどの営業マンは、自分のペースにお客さんを巻き込まなければ負けだ、という心で交渉をしているのではないでしょうか。

東山さんはどんな症状でも、「それは気のせいでしょう」とか「思い過ごしではありませんか？」とはけっして言わない、とのこと。なぜなら、**相談者の心は、その人にしかわからないからです。**

この発言を聞いて、なるほど、セールスも一緒だな、と気づく営業マンが何人いるか……。ここは少し突っ込んでお話ししておきたいと思います。

お客の言葉をオウム返しする法

私が聞いた話で興味深い話があります。

「死ね、死ね」という幻聴が聞こえる相談者がいました。

本当は聞こえるわけがありません。

しかし、本人は周囲の人が自分に向かってそう言っている、と言い張ってきかないのです。

カウンセラー「今、私は耳鳴りがしていますが、あなたは聞こえますか？」
相談者「いいえ、聞こえません」
カウンセラー「たしかにひどい耳鳴りがするんですけど、聞こえませんか？」
相談者「聞こえません」

カウンセラー「では、この音は聞こえますか？（机を叩く）」
相談者「聞こえます」
カウンセラー「私にも聞こえます」
相談者「先生、みんなが死ね死ねと私に言っている声が聞こえませんか？」
カウンセラー「聞こえません」
相談者「私にははっきり聞こえるのですが」
カウンセラー「そうでしょう。私の耳鳴りは私にははっきり聞こえますから」

こんなやりとりを何年も続けて、相談者は、それが幻聴なのだ、とようやく気づいたというのです。

このやりとりでわかることは、相談者のメッセージを「あなたはおかしいよ」「聞こえるはずがないでしょ！」という否定は絶対にしないことです。

とにかく、カウンセリングの基本中の基本に忠実にしたがい、徹底的に傾聴しています。説教など絶対にしません。

このように、**相手の発言や気持ちを否定せずに、受容して、関係づくりを続ける。**

そして、少しずつ少しずつ相手の心を開いていくのです。

カウンセリングという仕事はなんとも遠回りな道を歩むものですが、それだけ、人の心は一筋縄ではなかなか解きほぐされないという証左なのです。

一流の営業マンは知らず知らずのうちに、このカウンセリング手法を使っています。

「感情の反射をする＝応酬話法」がそうですね。

営業マン「お客さん、いい車でしょう？」
お客さん「いいね。でも、やっぱり高いですね」
営業マン「そうですね、高いかもしれません」
お客さん「ベンツだから、当たり前ですよ」
営業マン「そうですね、ベンツですからね」
お客さん「安くなりませんよね？　ベンツだもんな」
営業マン「そうですね。ベンツですからね」
お客さん「ベンツだよな。やっぱりな……」
営業マン「ベンツですよ」

お客さん「……買います」

これは私が実際にショールームで見たことです。この営業マンはお客さんの発言をオウム返しにくり返しているだけです。しかし、それでお客さんが勝手に納得していくのです。

相手の本音を引き出す三つのフレーズ

あるベテランカウンセラーによると、相談者の気持ちを引き出すのに有効なフレーズは三つあるそうです。

①それは大変ですね
②それは複雑ですね
③そこのところをもう少し詳しく

この三つのフレーズを適宜取り入れると、不思議と今まで頑なだった相談者が「この人は仲間だ」「価値観が合う」と感じて心を開いてくれる、というわけです。

カウンセラーという質問のプロフェッショナルが長年の経験から言うのですから、さぞや使い勝手がいいのでしょう。

では、営業マンの場合を例に出してみましょう。

①「それは大変ですね」

営業マン「創業50年を記念してお店をリニューアルされませんか？」
お客さん「この不況に？　したくてもお金がないよ」
営業マン「50年続いたことが繁盛の証じゃないですか？」
お客さん「材料費の高騰、電気代の高騰、税金も高騰。上がらないのはうちの値段だけだよ」
営業マン「それは大変ですねえ」
お客さん「わかってくれますか？」

②「それは複雑ですね」

営業マン「いい企画だと思いませんか？」
お客さん「社長は承諾していますが、専務が反対しています」
営業マン「複雑なんですね」
お客さん「半年後にはあの専務が社長就任。退職間際の社長には力がありません」
営業マン「複雑ですねえ」
お客さん「大企業の一番汚い部分だよ。迷惑をかけるね」
営業マン「お察しします。しかし、複雑ですね」
お客さん「ダメと決まったわけじゃないし。変化があったら連絡するよ」
営業マン「私からもお電話させていただいてよろしいですか？　しかし、複雑ですね」

③「そこのところをもう少し詳しく」

お客さん「ごめん、あの企画ダメだった」

営業マン「え、どうしてですか？」
お客さん「企画の内容は悪くないんだけど……」
営業マン「そこのところをもう少し詳しく教えてください」
お客さん「実はね……」

コミュニケーションには「合いの手」が必須です。会話を盛り上げ、促進するための触媒のようなものです。

カウンセラーの世界では、その代表的なフレーズが、「それは大変ですね」「それは複雑ですね」「そこのところをもう少し詳しく」と言う三つのフレーズだ、と言うわけです。

これは覚えておいて損はありません。お客さんとのやりとりでどんなケースでも使える便利なフレーズです。

「はい」「それで」「なるほど」「うんうん」「そうでしたか」などと同じように、毒にも薬にもならないけれど、とりあえず、「会話のボール」をお客さんに返すための絶妙なフレーズだ、と思います。

■二流営業マンは「聞いているようで聞いていない」

おもしろいことに、二流の営業マンは説明や説得、あるいはプレゼンが難しいと言いますが、一流の営業マンは聞くほうが難しいと言います。聞くことは、つくづく難しいと私も思います。

難しい理由として、次の一〇の理由が考えられます。

①結論を早く知りたいので、お客さんが返事をする前に話してしまう
②聞くより話す欲求のほうが強い
③忙しくて気がそぞろで集中できず、思わず反論したい気持ちになってしまう
④お客さんの話に興味や関心がわかず、自然と耳が塞がってしまう
⑤難しい話、わかりにくい話はすぐに拒絶してしまう
⑥全部聞こうとして、かえってポイントが押さえられなくなってしまう
⑦長い話のときはポイントがぶれたり、忘れたりする

⑧重要視していない人の話は軽んじてしまう
⑨聞きたくない話は自然と耳が塞がってしまう
⑩否定的に聞いてしまう

小さな子どもの話を懸命に聞いてあげる大人は少ないものです。バスや電車、あるいはデパートの中でも、子どもが懸命に話しかけているのに、全く気づいていない親をたくさん見かけます。

しかし、親は一方的に、子どもに向かっては話すのです。

これと同じことが、営業マンとお客さんの間でもくり広げられているのです。

お客さんはお金を払ってくれる人だから、そんなことをするわけがない、と反論するかもしれませんが、できない営業マンは、お客さんの話など聞いていないのです。聞いているようで何も聞いていません。

少なくとも傾聴という姿勢ではありません。

「80％販売に成功する」営業法

顧問先の経営者は、元百科事典訪問販売のトップ営業マン。周りのダメ営業マンが断られたお客さんの名簿を一人1000円で買い込んだことがある、と言います。

先にも言いましたが、できる営業マンは何を売っても売ります。ほかの営業マンがセールスに失敗したお客さんでも関係ありません。売ってきてしまいます。

私も先輩や同僚が失敗したお客さんと次々に契約しました。みなさんいいお客さんだったので、なぜ断られたのか不思議でなりませんでした。

ところが、ダメ営業マンは一本調子に売り込むだけだということに、後日気がついたのです。

『イソップ物語』に「北風と太陽」の話がありますが、あれにたとえれば、北風流なのです。お客さんの話も聞かず、とにかく、自分の話を聞いてくれ、の一点張りです。

これでは相手が心を開くわけがありません。きっと、営業マンがマシンガンのようにトークを連発している間、お客さんはその話を全く聞かずに、どんな反論をしようか、考えていたと思います。

これではそもそもコミュニケーションが成立していないのですから、失敗するのも当然です。

さて、先ほどの経営者の話に戻ります。彼は、8割の確率で販売に成功したと言います。もちろん、その秘訣は質問力にありました。

お客さん「いらないよ。だって職工だもん。そんな分厚い事典なんか必要ない」

営業マン「ご謙遜を。どんな仕事でも知識は必要だと思いませんか？」

お客さん「そりゃ、ないよりはあったほうがいいけれど、その程度ですよ。オレは腕一本で働いています。もっと頭を使って仕事している連中に売ったらどうですか？」

営業マン「そうですね。ありがとうございます。外に小さな自転車がありましたけど、お子さんのものですか？」

お客さん「今、幼稚園の年長です」

営業マン「来年は小学生ですね。これから勉強が大変ですね」

お客さん「ここらへんでも小さいうちから塾に行かせているらしいですね」
営業マン「お子さんから、これ何、あれ何と聞かれませんか？」
お客さん「嫌と言うほど聞かれるよ。変な質問ばかりで家内も困っちゃってね」
営業マン「親子で一番大切なことはそれですよ。親子の断絶も子どもの質問に真剣に親が答えていないことが原因らしいですね。聞いても答えないから聞かなくなる。小さいときに聞かない子どもが中学生や高校生になって聞くわけがありませんよね？」
お客さん「う〜ん、そうかもしれないなあ」
営業マン「百科事典は親子の架け橋かもしれません。わからないと聞いてきたとき、これはお父さんもわからない。じゃ一緒に調べようか。こういう習慣が勉強好きの子どもを育むんじゃないでしょうか？」
お客さん「高学年になったらもう勉強なんか教えられないって、家内もこぼしていたなあ。それ、いくらですか？」

何も購入者と使用者が同じである必要はありません。もし、このお客さんが祖父ならば、「かわいいお孫さんにどうですか?」と質問すればいいのです。どんな高級品でも、お客さんは欲しくなれば買うのです。

説得させられれば買ってもらえるのではありません。「欲しい!」と感じたら、お客さんは買うのです。

何度も言います。説得できたとしても買おうという動機づけにはなりません。

しかし、ほとんどの営業マンはお客さんを説得しよう、と懸命なのです。

営業マンが質問によってお客さんの「欲しい!」を刺激できれば、いつでも購買に転じるのです。そういう意味で、**営業マンはお客さんのサポーターでありパートナーなのです。**

理屈っぽいお客ほど買ってくれる!

営業マンがお客さんの心理をいかにわかっていないか、という証拠をご紹介しましょう。

「Aさんは理屈っぽくて嫌だね。その点、Bさんは直感で決めてくれるからセールスしやすい、と思うんだよね」

これは大間違いです。

お気づきの通り、見当違いもはなはだしく、お客さんのなんたるかがまるでわかっていません。

営業マンだけでなく、営業マンを指導する営業本やセールス本の中にも、「理屈っぽい人の説得は難しい」「感情的な人、感覚的な人は情に訴えれば落ちる」と書いてあります。

この本を書いた人たちは営業マンの卒業生ですから、誤った情報をどこかでインプットしたまま考え方がこり固まってしまったのでしょう。理屈っぽいお客さんなら、営業マンの理屈でセールスすればいいのです。

お客さん「この英会話教材は、高いですね」

営業マン「最新ソフトがつまっている証拠です。これほどの完璧な教材が他社商品並の価格で提供できるとお思いですか？」

お客さん「毎月1万円ですよね。ほかに回したいな」
営業マン「将来を考えれば、月1万円の投資でも安いのではありませんか？　今後は御社も海外進出を真剣に考えられるのではありませんか？」
お客さん「たしかにね。でも、今、持ち合わせがないんだよね」
営業マン「クレジット払いもご用意できます」
お客さん「今月はもう使い道が決まっているんだ」
営業マン「では、ボーナス一括払いにされてはどうでしょう？　お支払いは半年後ですし、金利も当方負担ですからお得だと思われませんか？」
お客さん「1カ月1万円か……」
営業マン「1日約300円の投資で未来を買いませんか？」
お客さん「たしかにそうかもなあ」
営業マン「ありがとうございます！」

お客さんが理屈でくるなら営業マンも理屈で対応する。セールスの常識です。ただし、理屈は営業マンから展開してはいけません。お客さんの理屈に対して否定することなく、「こうも考えられますね？」「こんなふうに考えてはいかがですか？」と違う角度からスポットライトを浴びせてあげるのです。

すると、お客さんの「論理脳」は「ああ、なるほどね」と素直に順応し、すっかり営業マンの提案を受け入れてくれるのです。

感覚的なお客ほどドタキャンが多い？

私たちの知能には、「インテリジェンス脳」と「インテレクト脳」の2種類があります。それぞれご説明しましょう。

①インテリジェンス脳

これはＩＱテストのように量的に測定できる知能のことで、左脳が支配する論理脳・分析脳のことです。理屈っぽいお客さんはこちらの脳が優位にある、というわけです。

と錯覚しているお客さんに多いタイプです。

②インテレクト脳

右脳が支配する直感脳、感覚脳のことです。ダメな営業マンがセールスしやすい、と錯覚しているお客さんに多いタイプです。

どちらか一方だけの脳に偏る質問では損をします。インテリジェンス脳とインテレクト脳をバランスよく駆使して質問力を鍛えていくのです。

実際のセールスでは、「欲しい！＝感覚脳」「ちょっと待て＝論理脳」となります。「欲しい！」と感覚的に思っても、「いやいや、今月の支払いは厳しいから今回はあきらめよう」となるわけです。

このとき、営業マンはこの「論理脳」をアップデートする提案をしなければなりません。論理脳に目も向けずに、感覚脳ばかりを刺激していてはなかなか購買にはつながりません。

強烈に「欲しい！」を刺激できれば論理脳の停止命令を無視して「よし、買おう」となるでしょうが、こういう感覚脳のお客さんで怖いことが一つあります。

それは、ドタキャンです。「あんなにいろいろ注文をつけた人がドタキャン！」「許さない。絶対に許さない！」と、温厚な営業マンを怒らせるのは、たいてい、この感覚脳優先タイプのお客さんです。

早い話が、「よし、買おう」と感覚的に安易に決断するけれども、同時に、「やっぱり、やめた」と意見がひっくり返るのもこのタイプなのです。

訪問販売の営業マンなら、クーリングオフが多いのはこういうタイプのお客さんだとよく認識されていると思います。

お客さんは常に論理脳と感覚脳でキャッチボールをしながら考え、判断したりしているのです。

論理脳と感覚脳の両面があるのだと理解するだけでなく、今は論理脳にアピールすべきだ、今は感覚脳だ、とお客さんの深層心理の動きを常に読まなければ、セールスはなかなかうまくいきません。

「押してもダメなら引いてみな。引いてもダメなら押してみな」という言葉はこのお客さんの深層心理を突いた営業訓です。

営業マンの仕事は本当に奥が深いのです。こういう複雑な人間を相手にする仕事ですから、一生、勉強ですし、ありとあらゆる勉強をしなければなりません。

だからこそ奥が深くなりますし、幅も広くなるのです。だからこそ、営業という仕事はおもしろいのです。

ここまでお読みいただければ、いかに感覚脳のお客さんに留意しなければいけないか、理屈っぽい論理脳優先のお客さんがいかにありがたいか、胃の腑にすとんと落ちたでしょう。

知っておきたい「論理療法」の効果

なぜ、今まで買わないと言っていたお客さんが突然、「買おう！」と変わるのでしょう？　逆に、あれこれと山ほど注文をつけたお客さんが、いきなりドタキャンやクーリングオフをしたりするのでしょうか？

一度決断したことを途中でやめる人は少なくありません。もう引き返せない、という段階でも平気でキャンセルしたり返品したりするお客さんもいます。

この手のお客さんは今後、増加するでしょう。

なぜなら、最近のトレンドとして、さまざまな業界がドタキャン、クーリングオフを奨励しているからです。

たとえば、今や世界中に出店している某アパレル会社などでは、「今買ってあとで考えよう！」「30日以内なら理由を問わず、返品・交換ＯＫ！」と書かれたポスターが店内や試着室のそこかしこに貼られていて、衝動買いを推進しているわけです。

このように、衝動買いが増えれば、返品・交換も比例して増えるに決まっています。

実は、これはアメリカの心理学者アルバート・エリスが開発した「論理療法」のエッセンスにほかなりません。

セールスに活かす論理療法とは、「お客さんの発言や思考の中で、非合理・非論理的な解釈を見つけ、それに効果的な反論をして、解釈を改めてもらう。そのためのカウンセリング理論」です。

実際に、トラブルなどの原因は「事実」そのものではなくて、その事実の「解釈のしかた（＝読み取り方）」にあります。

それが事実かどうか、「論理性」「合理性」をチェックして直すべきは直す、というものです。

お客の〝思い込み〟をとりはらえ！

論より証拠。最近、私自身の講演会で経験したケースをご紹介します。

「あらかじめ携帯電話はマナーモードにするか、電源を切っておいてください」と、講演前に、司会者が何回かアナウンスしたのですが、佳境になる頃、しーんとした場内に脳天気なチャルメラの着信音が響き渡ったのです。

幸い、一瞬、ざわざわしましたが、私が意に介することもなく、坦々と続けたので、あっという間に収まってしまいました。こんなことには慣れています。

あるときなど、講演を始めると、パワーポイントがフリーズしたこともありました。こういうときは、スタッフにPCを交換してもらえばいいのです。その間、先に質問を受けて、回答すればすむ話です。トラブルでもなんでもありません。

しかし、気にする人、不機嫌になる人は少なくありません。どちらかと言うと、そちらのほうが普通かもしれません。

この違いはどこにあるのかと言えば、メンタルタフネス、すなわち、心の解釈で決まるのです。

このときの感情変化を論理療法でたどってみましょう。

《論理療法でたどる感情の変化》

A　逆境（Adversity　望ましくない事態）＝脳天気なチャルメラ音が鳴り響く。

B　思い込み（Beliefs　非合理的な解釈のこと）＝講演前にはマナーモードにするか、電源を切るのが常識だ。それがルールだ。ルールは守るべきだ。

C　結果（Consequences　非合理的な解釈で引き起こされた結果のこと）＝急に不機嫌になる。

D　反論（Disputing　解釈に対して合理的な反論を加えること）＝身内が病気だとか、手形が落ちないだとか、電源が切れなかった理由があるに違いない。

E　効果（Effective　新たに勝ち取った結果・効果）

早い話が、自分に都合よく考えろ、ということなのです。

ただし、あなたの論理脳、感覚脳がすんなり受け容れられるだけの合理性、論理性があったほうが好ましい。

人が行動するときは、必ず脳の命令にしたがっています。

脳の命令とは脳のコンピュータソフトにプログラムが書き込まれ、それがコマンドされているわけです。

ということは、プログラムを新たに書き換えてしまえばコマンドは異なった処理をしますから、当然、行動も変わります。

望ましくない事態が起きたから不機嫌になったわけではありません。不機嫌になった要因は「講演中は携帯電話の電源を切っておけ。それがルールだ」という思い込みにあるのです。

人の心に影響を与えるのは解釈なのです。

それならば、その解釈を変えてしまえば、そもそも望ましくない事態など発生しない、というわけです。これが論理療法です。

お客の脳内プログラムを書き換えよう

トップ営業マンは誰から教わったわけでもないのに、この論理療法を駆使して次々に結果を出しています。

次に、住宅販売会社トップ営業マンの論理療法を見てみましょう。

営業マン「今がマンション購入の絶好のタイミングではありませんか？」

お客さん「営業マンはみなそう言いますが、デフレ経済は100年続くから、今、住宅を買ったら損をするよ」

営業マン「経済に詳しいのですね。エコノミストでいらっしゃいますか？」

お客さん「投資を少しね。投資は生きた経済だから」

営業マン「勉強になります。住宅も投資という視点でお考えですか？」

お客さん「パフォーマンスで妥協したくありません。損だけはしたくないんです」

このお客さんのスタンスは、基本的に儲かるなら買う、儲からないなら買わない、です。つまり、「住む」という利益と「マンション価格が上昇して売却時にも儲かる」という利益を狙っているわけです。そこで、この営業マンはこのように話の流れをつくりました。

営業マン「デフレ経済は100年続くのですか？」
お客さん「確実に続きます」
営業マン「お客様は一生、マンションを購入するお気持ちがないのでしょうか？」
お客さん「どういうことですか？」
営業マン「100年後、ここ（住宅展示場）にいるお客様たちは、ほとんどが生きていらっしゃらないのではないでしょうか？」
お客さん「そうですね」
営業マン「住んで楽しむ、という視点も考えられてみてはいかがでしょうか？」
お客さん「住んで楽しむ？」
営業マン「財をなすことも素晴らしいことですが、人生は楽しんでナンボではないか、と思うのです。１００年のデフレで資産価値が上昇しないなら、スパッと切り替えてみてもいい、と思うのです」

お客さん「損得という視点を一度捨てろ、というわけかな？」

営業マン「損得って終わるまで決着がつかないものではありませんか？」

損得という視点には損得という視点から離れて考えてアプローチしてみることが大切です。

それ以上に、何が大切か、損得勘定しか脳内プログラムにないお客さんには自分の人生観を披露してもいい、と思うのです。

ただし、説教のように生意気にならないよう、質問力を巧みに駆使することを忘れてはいけません。

■口べたな営業マンほど信頼される理由

私が営業職についての本で最初に購入したのは、話術や説得力について書かれた営業の入門書でした。

しかし、こんなものはセールスの現場では全く役に立たないどころか、勘違いを引き起こしかねない害毒の垂れ流しです。当時は、フーテンの寅さんのように、流ちょうなトークを展開する営業マンこそトップセールスになれると信じて疑いませんでした。

しかし、営業マンはぼくとつで、口べたなほうがいいのです。事実、トップ営業マンに限って口が重たいタイプが多いのです。「えっ、この人が？」というような人が、トップ営業マンであることがとても多いのです。

彼らはお客さんの話を実によく聞きます。そのため、お客さんの要望がなんなのかもわかります。

口べたですからうまいことは言えません。しかし、その代わりに行動で表そうとします。お調子者ではないからこそ、お客さんに信頼されるのです。

「沈黙は金、雄弁は銀」

トップ営業マンの共通点は「沈黙」を恐れないことにあります。

人は話を耳だけで聞いているのではありません。五感で聞いているのです。お客さんの様子に注意していれば、「この人、聞いていないな」と気づけます。そのときにどうするかと言えば、トップ営業マンはすぐに話をやめます。

二流の営業マンはお客さんが話を聞いていないことにそもそも気づけません。相変わらずトークを続けてしまうわけです。

この点については、しゃべりのプロとも言うべきアナウンサーと全く変わりません。アナウンサーも一流になればなるほど話さなくなります。

間を活かし、沈黙を怖がりません。二流のアナウンサーには間がありません。

営業マンが間のない会話をしてしまうと、お客さんがなんの意見や感想も表現できなくなってしまいます。

営業マンがペラペラと話し続けることは、お客さんにいいイメージを与えません。「この営業マンはこのまま私に話を聞き続けさせ、そして最後に買うか買わないか、返事をしろ、と言うのかな……」「いつこのトークショーは終わるんだろう……」こんなことを思っても不思議ではありません。

お客さんは、話し続けた営業マンから最後に「で、どう思います？」と聞かれても、「どう思うって？　どの部分のこと……」と思ってしまいます。これは最悪のケースです。

できる営業マンになるためには、沈黙すべきタイミングがありますので、それをご紹介します。

お客さん「どうしようかなあ。迷うなあ」
営業マン「……（沈黙）」
お客さん「買うかやめておくか……。今月は家計が厳しいし」
営業マン「……（沈黙）」

お客さん「……買いましょうか」

　これはクロージング、契約段階で迷ったお客さんに再考をうながした営業マンとお客さんの交渉シーンです。

「交渉？　営業マンは何もしゃべっていないよ」と反論されそうですが、ここで反論したら、このお客さんは買わないでしょう。こういう営業マンが一流です。

　語りかけてはいけないタイミングがわかっているのです。**並の営業マンは「間」が我慢できなくなって、ついついたたみかけてしまうのです。もっと説得しなくちゃ、もっと説明しなくちゃ、と考えてしまうのです。**

　そして、話すだけ話したあとに、「どうですか？」「どう思いますか？」などと言ってしまうのです。

　実は、この最後のひと言でお客さんはホッとします。なぜなら、「買います」と言わざるを得ない状況に追い込んだのに、助け船を出しているようなものだからです。こうなると、お客さんは断ればいいので心に余裕が生まれます。

営業マンが間をあけると、お客さんは間に耐えられなくなって、この切迫した事態

をなんとか切り抜けたい、と考えます。結果として、「買います」と答えるのです。

営業マンは「間」の恐ろしさをもっと認識すべきです。しゃべらない間を意識してつくる。それが一流の営業マンです。雄弁は銀、沈黙は金なのです。

第3章

「アポ取り」が抜群にうまくなる質問力

なぜ〝門前払い〟されるのか

営業マンの業績はアポで決まります。どんな人とアポが取れたのか、どの会社にアポが取れたのかで売り上げは天地ほども違ってしまうのです。

「会えば必ず買わせる！」「オレと面談して断れるお客さんはいない！」「ちくしょう！　アポさえ取れたらなあ」「自慢のセールストークさえ発揮できれば、契約が取れるのに」などと悔しがっていても始まりません。

営業とは、お客さんとアポが取れてナンボの世界です。たとえプレゼン能力がたいしたことなくても、アポ取りのうまい営業マンはいい成績を収めることができます。

アポが取れなければ、プレゼン能力が高くても宝の持ち腐れです。

「全能力の8割はアポ取りにかけている！」と言う営業マンがいますが、この姿勢はあながち間違っていないと思います。

なぜなら、アポ取りは営業マンの第一関門。とにかくここをクリアできなければ、いつまで経っても次のステップに進めないのです。

スムーズにアポ取りをするためにも、質問力を駆使することが重要になります。質問力でアポを取るのです。

広告代理店に勤務するトップ営業マンは、頻繁《ひんぱん》にテレビや新聞、雑誌をチェックしてはクライアントにこんな電話をかけている、と言います。

「御社のCMですが、反響がイマイチではありませんか？　最低でも売り上げを5割は増やす自信があるのですが、一度、私にプレゼンさせていただけませんか。もちろん無理にとは申しません。○○社（自他ともに認めるライバル社）に持っていくだけですから。話だけでもお聞きいただけないでしょうか？」

いい度胸というか、図々しいというか、いきなりの電話でここまで言い切ってしまうのです。

ところが、おもしろいことに、こういう「上から目線」のアプローチを担当者は経験したことがないのでしょう。新鮮に受け取ってもらえるらしく、アポ取り率はほとんど100％とのことです。

本当に5割増しの企画書かどうかはわかりません。しかし、大言壮語を言うからにはそれなりに練りに練ったものなのだと思います。多忙を理由に断られると、本当にライバル社に話を持っていってしまいます。

「この企画は、△△社にご提案するつもりでしたが気が変わりました。一度、プレゼンさせていただけませんか？」と正直に言ってしまうこともあるそうです。

そこがまたおもしろく感じるのか、ライバル社とのアポが取れてしまいます。どちらに転んでもアポが取れるのです。

私は、法人セールスのアポ取りが得意でした。少なくとも8割はアポが取れ、そのうちの8割はビジネスになりました。

しかも、大企業ならば少なくとも部長職以上、中小企業なら経営者とアポを取っていました。一般的に、アポ取りは簡単にはできないので、社内の営業マンは四苦八苦していました。

「営業マンです」「セールスです」と言った瞬間に、「忙しくて無理」「時間がなくて」と断られてしまうのです。

断られる理由は、お客さんが営業マンの提案に興味も関心も抱かないからです。逆に言えば、お客さんの興味と関心がどこにあるかを発見して、その点をピンポイントで刺激してやればいいわけです。

お客さんが興味や関心を覚えるネタ（これを「フック」と言います）とは、たとえば、経営者ならマネジメントや儲け話でしょうし、人事部なら画期的な採用方法とか人材評価システム、営業部なら営業マン教育とか売り上げが倍増するマーケティング情報、主婦ならば、節約情報とか利殖、美容健康ネタなどがそうでしょう。「これは聞かなくちゃ」と思うメリットをお客さん自身に気づかせる。その技術こそが質問力なのです。

アポ取りの段階でトップとビリが決まる

営業マンにとって、アポが取れないことほど辛いものはありません。アポがなければセールスに出かけられないからです。すると、ノルマが達成できません。

デスクに張りついていることほど惨めなことはありませんから、お客さんのところに行くふりをして、駅や公園で必死にアポ取りをしている営業マンも少なくありません。

できる営業マンと、できない営業マンの違いはほんの些細なことです。

できる営業マンは成約しやすいお客さん、注文してくれるお客さんを捕まえることができる一方、ダメな営業マンは成約してくれない客さん、注文してくれないお客さんに捕まってしまっているのです。この違いが、トップとビリとを分けます。

言い換えれば、アポ取りの段階でトップ営業マンとビリ営業マンとにくっきり分かれている、と言えるのです。

私が営業マンだったときに、長い営業経験があるのに、なぜ、こんなに成績が悪いのかと、ある意味、感心する先輩が少なくありませんでした。

よく見ると、こういうタイプはアポ取り段階でミスをしているのです。どのようなミスをしているのかと言えば、平社員とばかり会っているのです。

平社員はアポは取りやすいですが、いつまで経っても契約が取れません。決定権のない平社員といくら交渉しても話は進まないのです。何回商談しても契約は不可能に決まっています。

平社員は、自分に決定権がないことを知っているので、なぜ、上層部に掛け合わないのか、不思議に思うはずです。

平社員と一〇回会うよりも、経営者と一回、部長と三回会うほうがはるかにメリットがあるでしょう。たとえ一発で断られたとしても、これから無駄足を踏まずにすむのですから、かえっていいくらいです。

こういう営業マンは、アポさえ取れれば、お客さんのところを訪問してさえいれば、それで仕事をしているつもりになっているのでしょうが、営業ほど結果が求められる仕事はありません。

何度訪問したかなど関係ありません。残念ですが、契約の取れない営業マン、商品やサービスを売れない営業マンには存在価値はありません。

「こんな商品を売るのに、一流企業の社長さんにアポなんか取れませんよ」と卑下する営業マンがいるかもしれません。

しかし、それは大間違いです。私がセールスしていた商品は1冊150円の雑誌でした。それでも平気で一部上場企業の経営者相手にアポを取っていました。

どんな商品だろうと、経営者相手にセールスして悪いことなどないのです。また、売っている営業マン自身が卑下するような、自信のない商品をお客さんに売ってはいけません。

「商品を売る前に自分を売れ!!」という言葉がありますが、こんなものはインチキです。営業マンは、自分がほれ抜いている商品を売らなければいけません。

アポが取れるなら、誰でもいいわけではありません。決定権のあるキーマン、注文を出せる人とのアポでなければ話にならないのです。

カタログを送ってはいけない!

アポ取りにはどんな質問を使ってもいいのかと言えば、そんなことはありません。アポが取りやすい質問もあれば、取りにくい質問もあるのです。質問一つにもコツがあります。実際に教材セールスの例を見てみましょう。

営業マン「○○という教材を販売しております。ぜひ、商談にうかがいたいのでお時間をいただけないでしょうか?」

お客さん「今、忙しいのでカタログや見本を送っておいてください。検討しておきます」

「検討しておく」というのは典型的な断り文句です。後日、電話をかけたところで、すっかり忘れられているでしょう。

「出張から戻ったばかりでバタバタしていて、まだ見ていません」などと、封すら開けていないかもしれません。

または、「ご覧いただけましたか？」と後日連絡を取っても、「検討したけどダメだね」と言われて終わりでしょう。結局、何週間も引っ張られて時間を浪費するだけです。

カタログや見本を送るようなやりとりをしてはいけません。

なんとしてもアポを取ろうと頑張っても、相手からしてみれば、「セールスか……。あんたのノルマ達成に協力するために、忙しい中つき合っていられないよ」と思われるだけです。営業マンのエゴ丸出しトークでは断られるのも当然です。

一度、営業マンの立場を離れてください。そして、お客さんの立場になって質問をくり出しましょう。

それでは、教材セールスでのアポ取りの改善策をご紹介します。

●改善例

営業マン「○○という教材を扱っておりますA社の△△と申します。B社（ライバル社）〈①〉でもすでにご導入いただいておりますが、ご存じでしょうか？」
お客さん「いや、知りません。初耳です」
営業マン「やっぱりそうでしたか。申し訳ございません。ご案内が漏れていた〈②〉のは私どものミスでございます。今週、お近くのC社にうかがう予定〈③〉です。突然で恐縮ですが、18日の午後〈④〉にお時間をいただけないでしょうか？」
お客さん「15時からなら、時間があります」
営業マン「ありがとうございます。では、2月18日15時に私△△〈⑤〉がうかがわせていただきます」

こんな具合にアポを取ってしまうのです。

大切なことなので、ここでのポイントを簡単にまとめていきます（〈 〉内の数字がポイントの数字と対応しています）。

●アポ取りの質問力のポイント

①ライバル社や有名企業の名前をさりげなく入れていく。「ほかの人や会社が情報を入手しているのに、私だけ、わが社だけが知らない？ それは困る」と考えるのが人間です。

②売り込みではなく情報提供であることを知らせる。

③わざわざ訪問するのではなく、「ついでに」というニュアンスを伝える。「買わなくちゃいけないのか？」というストレスから相手を解放させるためです。

④時間を指定します。

⑤誰が行くのか、お客さんの手帳に記してもらいます。

もう一つ重要なことがあります。相手が関心を示したからといって、調子に乗って、「この商品はああでこうで……」などと説明してはいけません。**アポ段階で売ろうと**

してはいけないのです。

アポ取りで一番大切なことはアポを取ることであって、商品を売ることではありません。

「ひょっとして売れるかも」と欲を出して、アポ取りがフイになっては元も子もありません。この点は勘違いしやすいのでぜひ留意しておきましょう。

「面談予約の関所」をどう破るか?

営業マンの世界は、どんなことをしてでもアポを取った人の勝ちです。創意工夫すればするほどおもしろいようにアポが取れます。「アポの壁」を乗り越えるには嘘やインチキ以外ならどんな方法もＯＫです。

私の提案を実践するだけでなく、ぜひご自身でもとことん知恵を絞って臨んでもらいたい、と思います。

アポは電話をすれば、いつでも取れるということは１００％ありえません。高いか低いかは別にして、アポ取りには「壁」があるのです。

壁とは阻害要因とか障害物のことです。目の前に横たわっているアポの壁を越えない限り、アポは永遠に取れません。

私は『会社職員録』（ダイヤモンド社）や『会社四季報』（東洋経済新報社）をリストとしてよく活用していました。

あの有名な**『日本紳士録』を使っている営業マンも少なくありません。**実は私も掲載されていますので、しょっちゅう電話をもらいます。先日も、「東山魁夷の作品がお安くなっていますが購入されませんか？」という内容の電話がかかってきたので、丁重にお断りしました。

なんのために使っていたかと言えば、もちろん、アポ取りリストとして活用していたわけです。

リストはいろんな種類が出回っていました。「〇〇（商品名）の購入者リスト」というように、ショッピングによる購入者の趣味嗜好がわかるリストもあるようでした。

今は個人情報の取り扱いがとてもシビアになっているので、これらのリストを使って営業を行なうことはできません。

しかし、そのようなリストに頼らなくてもセールスはいくらでもできます。たとえば、社長にアポを取りたければ、「すみません。社長は、いらっしゃいますか？」とひと言言えばいいのです。どんな会社でも社長は一人です。名前をわざわざ言わなくても、役職を伝えるだけで通じます。

同じように、部長にアポ取りをしたければ、「人事部長さん、お願いできますか？」と質問すればいいし、責任者とコンタクトしたければ、「○○について、ご責任者の方をお願いできますか？」と質問すればいいのです。

営業マン「○○社の△△と申します。人事部長さんをお願いできますか？」
相手「山田でございますか？」
営業マン「はい、そうです。山田様をお願いできますか？（人事部長は山田さんという名前なんだな）」
相手「しばらくお待ちください」
山田部長「はい、山田ですが」
営業マン「山田部長ですか？　私……」

こういった具合に話を展開すれば、違和感は全くありません。

こんな〝米つきバッタ〟営業から脱却しよう

どんなにきつい「アポの壁」でも創意工夫をすれば乗り越えることができます。今回は応用問題にチャレンジしてみましょう。

営業マン「○○社の△△と申します。人事部長さんをお願いできますか？」
相手「山田でございますか？」
営業マン「はい、そうです」
相手「失礼ですが、どのようなご用向きでいらっしゃいますか？」

ここからが問題です。どのように話を進めればいいのでしょうか。あなたも営業マンならこのようなケースを山ほど経験してきているはずです。

営業マン「私どもでは画期的な教材を開発しまして、今、各社にご案内しているところです。ぜひ御社にもご案内したく……」

相手「今、山田は打ち合わせ中です。パンフレットなどはありますか?」

営業マン「ございます。しかし、実際にご面談の上ご説明したほうがよいと思いますが……」

相手「では、まずパンフレットをお送りください。必要ならば、後日、当方からご連絡させていただきますので、名刺もご同封ください」

こんなふうに体よくあしらわれてしまったら終わりです。これでは、「アポの壁」によじ登ろうとしていたら、途中で落下してしまったようなものです。

さて、「アポの壁」を乗り越えるには大きく分けて二つの方法があります。一つは「ひたすらお願い型」というタイプです。米つきバッタ方式です。

営業マン「ぜひとも、ご面談をお願いできませんか？　5分で結構です。いや、3分で結構です。必ず御社にお役立ていただけるはずです。なんとかお願いします！」

相手「（しつこいなあ。そこまで頼むなら会うだけは会ってやろうか……）わかりました。お会いしましょう。5分だけですよ」

営業マン「ありがとうございます！　恩に着ます」

こんなケースもあるかもしれません。

アポは取った者勝ちですから、これでもいいでしょう。

しかし、私はこの手のアポ取りは一切しませんでした。今もそうです。

5分でいい？　たった5分で話などできない。お願いします？　誰がお願いなどするものか！　と、こんな気持ちが強かったからです。

では、どうすればいいのでしょう？　すんなりとアポの壁を越えてしまう方法はあるのでしょうか？

■これが「関所破り」の質問力

実はそんな方法があります。それでは、具体的にやってみましょう。

営業マン「このたび、社員教育用の教材を開発いたしました。A社〈①〉をはじめ、各社の教育責任者の方に高く評価していただいておりますが、山田様にもぜひご紹介し、忌憚ないご意見をいただければ、と考えております」

相手「今、山田は打ち合わせ中です。パンフレットなどはありますか?」

営業マン「ございません〈②〉。どの教育責任者の方にも実物をご紹介してご検討いただいております。A社のBさん〈③〉からは、業界〈④〉にこれまでなかった優れた内容だと高い評価をいただいております。A社のBさんはご存じですか?」

相手「私は存じ上げませんが、山田は存じ上げていると思います」

営業マン「そうですか。本当に御社にだけご案内が抜けてしまって申し訳ありません。

ぜひ今回、山田様に直接お伝えしたいのです。ここでお伝えできなければ、このまま永遠に抜けてしまいかねません〈⑤〉。近々、1時間ほどお時間をいただけませんか？」

相手「わかりました。少々お待ちください。打ち合わせ中ですが今、確認します」

ここまでくればアポの壁はほぼ100％乗り越えられます。実際、私はこの方法でほとんどの「関所破り」に成功してきました。

重要なことなので話を整理しておきます。次のポイントを外さないでください（〈　〉内の数字がポイントの数字と対応しています）。

①同業他社の名前を出す

会社というのはおもしろいもので、たとえライバル会社であろうと業界内のつき合いは盛んです。

私は29歳から上場企業約50社の人材育成、技術開発、新事業開発、営業、マーケティングの責任者と勉強会を開催してきました。

そのとき知ったのですが、銀行や生保、損保などの業界の人々は元々知り合いだったのです。

業界ごとにいろんな会合を開いて、情報交換を頻繁に行なっているのです。しかも部門別に、人事部なら人事部同士、品質管理部なら品質管理部同士で会合を開いてスキルアップを図っているのです。

当然、お互いに切磋琢磨しているわけです。となれば、ライバル社が導入しているのにわが社は知らない……、では困るわけです。日本企業が横並びになりがちな理由は、こういう業界内の結びつきが強いからでもあります。

こういう習性を逆手に取らない手はありません。同業他社の名前をそれとなく織り込んでおく。

これはボディブローのように効きます。

②資料やパンフレットは郵送しない

「パンフレットなどはありますか?」という問い合わせは、言い換えれば、「営業マンは来なくていいよ」という意味です。

だから、「ない」と答えておきます。

住宅業界でトップセールスを記録する営業マンは、「資料を送ってください」と言われたら、当然、お客さんの住所を知ることになります。

すると2時間以内にその人を訪問する、と言うのです。このくらいフットワークがよくなければトップにはなれません。

営業マン「資料を持ってまいりました」

お客さん「（インターフォン越しに）えっ、郵送じゃなかったの？（困惑している様子）」

営業マン「住所を聞いたら近くでしたので持参しました。私が届けるのも郵便屋さんが届けるのも中身は変わりませんので」

お客さん「それはそうでしょうけど、しょうがないわね。今、開けます」

なぜ、「ない」と答えるかと言えば、「アポの壁」になるばかりか、パンフレットや資料を見るだけで内容がわかったと早合点されたら困るからです。

営業マンは、パンフレットや資料には書かれていない情報を提供するためにいるのです。絶対にパンフレットや資料を渡してはいけません。

③個人名を出す

人は知り合いの名前を聞くと安心します。「ああ、彼なら知っている」と回答があるかもしれません。

こうなるとほとんど成約は確実と言ってもいいほど確率が高くなります。なぜなら、まず安心感がわくからです。安心感は信頼感です。

その知り合いに導入効果や活用法を聞くはずです。これがまたいいのです。「あれは全く使いものにならなかったよ」とは口が裂けても言わないからです。

導入した自分の判断が間違っていたと、認めることになるからです。どんなに気に食わなくとも、「なかなか使える」と言うのです。

ましてや気に入ってくれていれば、力強い応援団になります。どちらに転んでも、知り合いに確認してもらうことは有利なのです。

アポ取りがうまくなる5つのポイント

①同業他者の名前を出す

日本の企業は業界内のつながりが強く、切磋琢磨しているため、ライバル社が導入していて、自社が知らないことは話を聞こうと考える。

②資料やパンフレットは郵送しない

パンフレットなどを渡せば、相手は営業マンと会う必要がなくなるので、資料を請求された場合は「ない」と答える。

③個人名を出す

人は知り合いの名前を聞くと安心するので、商品やサービスの信頼性が高まる。

④「使える！」「高い評価」をアピールする

この業種には○○が役立つ、という第三者が述べる意見には価値がある。

⑤アポを取らないと「損だ」「困ったことになる」と感じてもらう

あなたの段階で拒絶すると大変なことになりかねませんよ、というメッセージを伝えることで、アポ取りの確率が上がる。

④「使える！」「高い評価」をアピールする

この業界には役立つ、と第三者が述べていることに価値があるのです。相手が自動車メーカーなら自動車メーカー、電気メーカーなら電気メーカーと言えばいいのです。

⑤アポを取らないと「損だ」「困ったことになる」と感じてもらう

あなたの段階で拒絶すると大変なことになりかねませんよ、というメッセージです。言葉は悪いですが、責任を取りたくなければアポをよろしく、と軽く脅迫しているようなものです。

米つきバッタでもアポ取りができればいいのです。
しかし、こういう質問力でアプローチする手もありです。
どちらがいいか悪いかではありません。
これは営業に対するスタンスだと思います。

お客の心を動かす〝ネームドロッピング〟

ライバルに負けたくない、という気持ちは誰にでもあります。これは企業間でも、個人間でも同様にあるのです。この横並び意識と競争意識のおかげでアポ取りがスムーズに運ぶのです。

さて、ライバル社の名前や業界トップ企業、あるいは有名企業名をさりげなく入れることを**「ネームドロッピング」**と言います。

質問力の中でもこの手法を活用すると、アポ取りだけでなく、セールスでもメリットが多いのです。

ある会社にセールスしたいとき、「すでにA社様、B社様にも導入していただいております」と、ライバル社や有名企業などの名前をひと言入れればスムーズにアポ取りができますし、むげにはされません。

たとえ導入していなくとも、「今、ご検討いただいております」「来週には決定していただけるようです」とさりげなく入れるといいでしょう。嘘ではありません。

ビジネスパーソンにしてみれば、ライバル社の動向は一番気がかりです。逆に、「それがどうしたの？　うちはうちだから」という会社には未来はありません。

派遣会社のトップ営業マンなどは、このネームドロッピングで次々と契約を取っています。

営業マン「商社のM社様やS社様にも、弊社から派遣しています」
お客さん「M社とS社？　優秀なスタッフが登録されているんですね（この会社は信用が置けるな）」
営業マン「団塊世代がどっさり抜けましたから、採用難になる可能性が高いと思われませんか？」
お客さん「N社は、５０００人も正規採用に変えましたね」
営業マン「本格的な人材の奪い合い時代の到来でしょうか？」
お客さん「そうなるでしょうね」

大手企業、有名企業の名前はそれだけで信頼度抜群です。

自社にはブランドがなくても、ブランド企業がお客さんだということが信頼度を支えているのです。

著名人の名前をさりげなく入れる効果

昼夜問わず、通販番組が盛んです。今、この手の番組で司会や脇を固めているタレントは失礼ながら旬のすぎた芸能人が目立つようです。

ただし旬はすぎていますが、かつては輝いていましたし、一世を風靡《ふうび》した人も少なくありません。

だからこそ、「広告塔」としての価値があるのでしょう。

人は自分が知っている人がすすめているものだと安心します。はじめて見たものにはなかなか手が出しにくいのです。

営業マンがアポ取りに苦労するのも、よく考えれば、お客さんにとって営業マン自身がはじめて会う人だからです。ルートセールスの営業マンがアポ取りに苦労した話など聞いたことがありません。

アポ取りにも、誰もが知っている有名人の名前をさりげなく入れていきましょう。

これもネームドロッピングの応用です。

するとやはりお客さんの反応が違ってきます。もちろん、法人セールスだけでなく、個人客中心の訪問販売でも同じことです。

ここでは訪問販売を例に取って、いい質問力、悪い質問力を比較してみたいと思います。

●悪い質問力

「今度発売された新商品は美肌効果が立証されています。ぜひ、試してみたいと思われませんか?」

これのどこが悪いのか、いつもこういうアプローチだよ、という営業マンも少なくないと思います。では、次の質問を見ながら比較してみましょう。

●いい質問力

「今度発売された新商品は美肌効果が立証されています。そうそう、タレントの○○さんもご愛用されていることをご存じですか？」

誰もが知っている芸能人の名前をさりげなく入れる、という典型的なネームドロッピングです。

これで、かなり印象が変わります。

「あの人が使っているの？」「どんなものかしら？」とお客さんは注意、関心を示します。もしその芸能人の大ファンならばアポ取りは完璧です。

重要なことなので何度もくり返しますが、セールスは商品やサービスの内容を説明することではありません。

注意と関心を呼び起こすことが一番大切なポイントです。実は、この点を取り違えている営業マンがたくさんいるのです。

これでは、結果がついてくるわけがありません。

■「ご用件は？」という質問にどう切り返すか

お客さんのところにアポ取りの電話をかけると、必ず聞かれることがあります。あなたも経験があると思います。

「御用向きはいったいなんですか？」
「ご用件はなんでしょうか？」

早い話が、「いったいなんの用があって電話してきたの？」というフレーズです。お客さんにしてみれば、仕事を中断されたり、テレビを見ていたのに中断されるのですから、機嫌がいいわけがありません。

さらにつまらない説明を聞かされれば、怒り心頭でクレームの電話をよこすお客さんも少なくないかもしれません。

ところで、この極めて真っ当な質問について、はっきりと、しかもこちらのペースで切り返すことができない営業マンが少なくありません。

営業マン「ごあいさつにうかがいたいのでお時間をいただけませんか？」
お客さん「忙しいので訪問は結構です」
営業マン「5分でいいんです、なんとかお願いします」
お客さん「5分の余裕もありません」
営業マン「そんな意地悪を言わないでお願いします。なんとかお願いします」
お客さん「用件だけなら電話で十分でしょう？」
営業マン「ごあいさつをしたいんです……」

お客さんは、どうせ買うなら、この人はすごいな、優秀だな、と思う営業マンから買いたいのです。

ですから、たとえ今回、お情けでアポが取れたところで、契約は無理なのです。なぜなら、「こんなヤツからは買いたくない」と決めているからです。

そもそも、営業マンからの電話の用件はセールスに決まっています。つまり、「ご用件はなんでしょうか？」という質問は、何かセールスの用件があるとわかっていて聞いているのです。

アポ取りの段階で堂々と用件を明確にすればいい、と私は思います。多くの営業マンは、用件をストレートに言うとアポを断られてしまう、と錯覚しているのです。

誰だってセールスは断りたい。

なぜなら仕事の邪魔だからです。

しかし、それが有益な情報提供、提案ならば態度は豹変します。

有益な情報をくれる営業マンにはほとんどお目にかかったことがない。今回もきっと空振りだろう。ならば、アポは断ろう、とお客さんは判断しているのです。

営業マンのほうもたいした提案などできないと思っているので、自然と声が小さくなったり、用件を曖昧にするのでしょう。

しかし、はっきり言ってこれは逆効果です。

どうせ断られるなら、アポ取りの段階ではっきりと断られたほうが手間が省けていいのです。

逆に言えば、用件をきっちり伝えて、成約率の高いお客さんをスクリーニングしたほうが賢明なのではないでしょうか。

できる営業マンは〝ノリ〟がいい

切り返しをああだこうだと考えていては、お客さんの不信感は増すばかりです。ここは打てば響くレスポンスを見せたいところです。化粧品の個人セールスを例に、切り返しの質問力をご紹介しましょう。

お客さん「ご用件はなんでしょう？」
営業マン「この地域の担当を仰せつかりました○○です。△△という新商品のプレゼント・キャンペーン中です。ご存じでしたか？」
お客さん「知りません。それ、無料でもらえるの？」
営業マン「もちろんです。この町のお客様に無料サンプルで効果を実感していただいております。ご近所のお友達からお話をお聞きではありませんか？」
お客さん「まだ聞いていません」
営業マン「そうですか。でも、ご安心ください。□□様にもお持ちします。いつご在宅でしょう？」

お客さん「これからでもいいですよ」

法人でも個人でも使えるのが切り返し話法です。プレゼント・キャンペーン、無料サンプル、地域のみんなが知っているなど、魅力的なネタが盛り込まれています。

しかし、**一番のポイントは「訪問することは決まっている」というノリです。具体的に言えば、「私はあなたから奪い取る者ではありません」「与える者です」というメッセージを届けていることに注目してほしいのです。**

アポ取りだけでなく、営業にはこの「ノリ」がとても重要です。ノリはリズム感です。お客さんとのやりとりにしても、立て板に水でなくてもいいのです。

ゆっくりとした口調でお客さんとの会話をスタートしたのなら、ゆっくりなリズムを変えずに話しましょう。と言うのも、ノリを寸断するものが「間」だからです。

微妙に間ができてしまうとお客さんは考え込んでしまいます。あれ、この営業マンと会っていいのかな？　そんな時間があったかな？　間ができるたびに現実に引き戻されてしまいます。こうなると切り返しもできなくなってしまうのです。

お客にお客を紹介してもらう秘訣

アポ取りで不思議でならないことが一つあります。それはどうしてもっとも簡単にできるアポ取りをしないのか、ということです。

営業には紹介セールスというものがあります。お客さんからお客さんを紹介してもらう、というセールス手法のことです。

不動産、生保、損保、自動車、銀行、商社など、**ありとあらゆる業界のトップ営業マンはほとんどと言っていいほど、この紹介セールスでトップランキングを維持し続けています。**

考えてみればわかると思いますが、紹介もなく、いつもゼロからの飛び込みセールスで業界トップを極めることは至難の業なのです。それよりも優良顧客から、「これは！」という見込み先を紹介してもらうほうがアポは簡単に取れるし、成果も確実についてくるはずです。

私のオフィスにもそんな営業マンがたくさん来社していますが、彼らにはアポの壁も関所も全くありません。なぜなら、みな、水戸黄門の印籠を持っているからです。
それは友人、知人、関係者からの「紹介」という印籠です。これさえあれば、誰にでもアポは取れます（もちろん、契約が取れるとは限りませんが）。

アポが取れないと悩む暇があるなら、今まで縁のあったお客さんを次から次へと訪問して、「お客さんをご紹介くださいませんか？」と言えばいいのです。

「いやあ、それはちょっと……」と言う、営業マンもいるかもしれません。たぶん、そういう営業マンに限って、「嘘ばかりついて売りつけた」「クレームは届いていないがきっと満足していないはずだ」「商品（サービス）に偽りあり」など、お客さんに合わせる顔がないから再訪できないのです。
もしそうでなければ、ぜひお客さんを訪ね歩くべきです。飛び込みセールスよりもアポはずっと取りやすいでしょうし、結果もはるかにいいはずです。

■「プラス評価」の言質を引き出せ！

やり方は簡単です。質問力を駆使すればいいのです。では、実際にどのようにすればいいのか例をご紹介しましょう。

営業マン「私どもの商品（サービス）を購入されてどんなところが変わりましたか？」

お客さん「そうだなあ、たとえば……」

営業マン「比較して、どんな成果が出ました？」

お客さん「前と比べると、たとえば……」

どんな回答であってもいいのです。狙いはそこではないからです。ポイントは「役立っている」「改善した」「便利になった」「使いやすい」といったプラスの評価をお客さんから引き出すことにあるのです。このプラス評価を証拠にしてこんな質問をくり出したいのです。

営業マン「○○さん、そんなに高く評価していただきありがとうございます。そこでご相談ですが、この商品（サービス）をお知り合いにも知らせたい、と思われませんか？」
お客さん「たしかに。導入して助かっていますよ」
営業マン「○○さんにセールスしてほしい、と言っているわけではありません。営業マンは私ですからね……（沈黙）」
お客さん「……紹介すればいいわけだ」

親しいお客さんならば、もっとストレートでもいいでしょう。

営業マン「○○さん、今度の研修、成果はありましたか？」
お客さん「あったよ。あれから業績が鰻登りだよ」
営業マン「それはよかった。○○さん、これをほかの支店や営業所にも広めませんか？」
お客さん「そうだなあ。全社的にスキルアップしてみるか？」
営業マン「売り上げが上がれば、支店長や営業所長も喜ぶんじゃないですか？」

お客さん「そりゃそうだろう。で、安くしてくれるの?」
営業マン「まとまればお安くさせてもらいますので、全社に導入しませんか?」
お客さん「前向きに考えましょう」

紹介セールスは最強です。アポ取りだけでなく、すべてのセールスを紹介セールスに転換できれば、今までの売り上げの2倍3倍などは夢ではありません。

今の時代、不況だなどとそこら中でグチや悩みを聞きますが、ご冗談を、と私は呆れています。

私のところには自動車の営業マンは再訪しません。不動産、証券、銀行などの営業マンも来ません。

最近、生保の営業マンが来ましたが、契約を見直すだけで、**「お知り合いにもこのすごい商品をご紹介させていただけませんか?」**とは言いませんでした。

つまり、いずれの業界もまだまだ売り上げをこぼしているのです。これで不況とは笑わせてくれます。不況など、自分たちの知恵が足りないのが問題なのです。

お客に〝遠慮〟などしなくていい

偉そうなことを言いましたが、私が紹介セールスの威力に気づいたのは26歳のときです。これに気づくまでには時間がかかりました。ですから、本当はそんなに威張れる筋合いはありません。

ある日、ノルマ達成に困り果て、既存顧客リストを眺めては電話でアポ取りをくり返していました。そんなとき、一人のお客さんにつながります。

お客さん「アポ？　訪問予約？　ふ〜ん、いつでもいいから来なよ」

私　「今からうかがいます」

そのお客さんは電器屋さんだったのですが、暇だったらしく1時間も無駄話を聞かされてしまいました。

実は、訪問を後悔しました。と言うのも、すでに商品はすべて購入ずみだったからです。それを前もって知っていたら行かなかったと思います。

お客さん「おまえ、何しに来たんだよ？」
私「えっ？　勉強に来たんです」
お客さん「嘘をつけ。売り込みに来たら何も売るものがないから困っているんだろ？」
私「すみません。その通りです。困りました」
お客さん「ドジを踏んだな。まあ、若いときはそんなことがよくあるんだ。よし、ついてこい」

隣の大きなビルに行くと、誰もが知る一部上場企業の自社ビルでした。受付がありましたが、「おお」と手を挙げるだけでエレベーターに乗り込んでしまいます。受付嬢も立ち上がってあいさつするだけでスルーです。

そのお客さんは、一番上層階にある社長室のあるフロアに着くと、そこでも「おお」と手を挙げ、秘書と話し始めました。

お客さん「社長、いる？」
秘書「今、来客中ですが、もう終わると思います」
お客さん「じゃ、コーヒー２つ」
秘書「かしこまりました」
お客さん「不思議だろ？　電器屋のオヤジがこんな会社の社長を知っているなんて」
私「いえ、そんな……」

話を聞くと、京橋法人会の会長と副会長を２人でやっているとのこと。しかも、この電器屋さんは子どもの頃に松下幸之助さんから大変可愛がられた方で、業界の名物男だったのです。

結局、この方から社長を紹介していただき、この会社とビジネスが成立しました。以来、私が紹介セールスに精を出したことは言うまでもありません。私だけでなく、紹介セールスに励む営業マンほどお客さんを大切にします。

なぜなら、一人のお客さんの信頼を得て、はじめてほかのお客さんを紹介してもらえるからです。

「売りっぱなしの営業マン」とはここが違います。

もう一つ小さなコツを得ました。それは、営業マンはお客さんにいちいち遠慮してはいけない、ということです。

「こんなことを相談したら図々しいよな」「さすがにこんなことは相談できないな」と勝手に自分に規制をかけてはいけないのです。

営業マンの仕事はあくまでも提案すること。その提案を受け入れるか拒絶するかは、すべてお客さんの判断であり自己責任なのです。ここから先は営業マンの仕事ではありません。

あなたが紹介を得られるかどうかを決めるのは、営業マンのあなたではありません。お客さんなのです。

ここをしっかり押さえておかないと、あなたは営業マンとして大きな損をすることになります。

質問力で社内でも紹介セールスができる！

紹介セールスと言いますと、知人、友人、関係先などを思いうかべると思いますが、社内でもこれは可能なのです。

私は職域専用の教材を全国の超大手企業にセールスする営業マンを長年やってきました。29歳で新事業を提案して事業部を設立するまでは、首都圏を含む東日本全体の責任者もしていました。つまり、ほとんどのお客さんは法人であり、なおかつ、大手企業の幹部だったわけです。

本社の幹部ともなりますと、全国規模というよりもグローバルに仕事を進めている関係上、多忙を極めた仕事ぶりで、当然、アポ取りも簡単なものではありません。しかし、アポを取らなければ契約にはつながりませんから、あの手この手でアポ取りにいそしんでいたのです。そんな日々の中で、たまたまお客さんにこんな質問をしてみました。

私　「ご多忙のA部長にしつこく申し上げて恐縮です。実際のご担当者にお話したほうがよろしいですか？」
A部長「できれば、そうしてほしい」
私　「ご担当者はどなたでいらっしゃいますか？　その方とのアポを取ったほうがよろしいですか？」
A部長「担当はB課長だから。今いるから電話を代わるよ」
私　「ありがとうございます」
B課長「Bです」
私　「今、A部長とお話をしていて、その件はB課長と話をしてくれと言われました。お役に立てる情報だと思います。採用するかしないかは関係ありません。情報としてお聞きになりませんか？」
B課長「わかりました。そういうことでしたら承りましょう」

これで簡単にアポが取れてしまったのです。
実は、このとき、私はあっけに取られていました。そうか、こういう方法もあるのか、と気づいたのです。

この体験をヒントに、私は次のようなアポ取りの質問をひらめいたのです。

営業マン「社長さんですか？　私どもでCという新商品（サービス）を開発したのですが、これをご案内する場合、御社ではどなたがふさわしいのでしょうか？」

社長「それならD部長だな」

営業マン「すみません。では、この電話をD様におつなぎいただけませんか？　それとも直通電話でかけ直したほうがよろしいですか？」

社長「今、電話を代わってあげるよ」

もし直通電話にしてくれ、と言われたら、もちろん電話番号を聞き出します。

さて、この情報をどうするかと言えば、即、社長から「紹介」してもらった部長に電話するのです。

営業マン「今、社長からご紹介いただきました○○社の△△と申します。採用するかしないかは関係なく、私の情報をお聞きになりませんか？」

D部長「なんの件ですか？」

営業マン「新しい商品を開発したのです。御社のお仕事に必ずお役立ていただけると思いますが、この情報はD部長にお知らせするように、とのことでした。D部長のご担当でよろしいですね？」

D部長「はい、私の管掌です。では……」

こういうアプローチも可能でしょうし、次のような質問も考えられるでしょう。

営業マン「先ほど社長とお話ししたのですが、そういう情報はぜひ部長にしてほしい、とのことでした。お話しさせていただくのはいつがよろしいですか？」

部長「いつでもいいですよ」

■秘書を味方にすれば怖いものなし

古今東西、多くの営業マンが秘書の「壁」に止められ振り回されてきました。「本人に断られるなら納得がいくけど、どうして秘書に拒絶されるのか！」と憤慨《ふんがい》する気持ちもわかります。

私自身、大手企業のほとんどの秘書室に電話してアポ取りをしてきました。今なら、知人の社長ならば携帯電話や個人メールで直接、アポ取りができますが、それでも、スケジュールは秘書に確認しなければわからない人ばかりです。結局、秘書室に電話してチェックしてもらうことになるのです。

秘書は、忙しい社長や役員に代わって、「この営業マンに会わせていいかどうか」ということを判断する役割を担っています。

つまり、**社長に対するセールスは、ほとんど、この秘書の段階で成否が握られている、というのが実態です。**

もちろん、「それ、おもしろいですね」と秘書がつないでくれることもあるでしょう。しかし、誰からの紹介や依頼なのか、という政治判断がやはり多いのです。

大手企業になればなるほど、こういうしがらみ、すなわち、銀行がらみ、優先得意先がらみ、あるいは社長の個人的な人脈といった政治力でアポが決まることが少なくありません。

つまり、秘書がアポの壁になることは多いのですが、逆に、秘書を味方につけてしまえばアポは取りやすくなる、ということです。

そればかりか、セールスについての知恵やヒントを授けてくれることもあります。私は今までたくさんのアイデアを彼らからもらいました。

「社長、この営業マンの話は聞いたほうがいいですよ」「おもしろい提案がありますのでぜひ」というように、あらかじめ理由をきちんと社長にレクチャーしておいてくれる秘書も少なくありません。

秘書はアポの壁ですが、敵ではなく味方に引き込んでおかなければならない存在なのです。

この点をきちんと認識しておきましょう。

営業マン「貴社の労務コストを3割下げるシステムを開発しました。社長か担当役員の方にプレゼンしたいのですが、その前に秘書室長にご吟味いただけませんか？」
秘書室長「私なんかでいいんですか？」
営業マン「はい、秘書室長というお立場ならば、私のプレゼンを聞いていただければ、役に立つか立たないか、立つとすれば、どなたにプレゼンするのが最適か、全社的な立場からご判断いただけるのではないでしょうか？」
秘書室長「秘書に会いたいなんていうアポはあまり経験がないですね」
営業マン「無理でしょうか？」
秘書室長「とんでもありません。いつがよろしいですか？」

この質問力は効きます。特に大手企業ではなおさら効果を発揮します。秘と言うのも、実は、秘書から数年後に経営者になった人は多いのです。つまり、秘書とは中央官庁で言えば大臣官房で、個別の案件は担当役員が管掌していますが、全社的な動きは取締役よりも秘書のほうが詳しかったりするのです。

ならば、**新しい提案は秘書に持ち込み、会社の動向を踏まえていろいろアドバイス****をもらって、さらに練り上げることを考えてもいいでしょう。**

それにバージョンアップした提案は、どこに持ち込んだら採用されるかも、彼らはよくわかっているはずです。

■営業は総合格闘技だ

私の友人にはすでに上場した創業社長や、これから具体的に上場を計画する経営者が少なくありません。

その中で、証券会社の営業マンから外資系金融機関にヘッドハンティングされてウォール街で活躍し、日本に凱旋してベンチャー企業を起こして成功した人がいます。

彼はアポ取りの名人で、「日本を買いませんか?」というキャッチフレーズで、お客さんに切り込んでいきます。

「日本はつぶれません。国債は世界で一番安全です。どんな金融機関よりも確実です。

利回りもいいです。ぜひ日本を買いませんか？」と言いまくって、新入社員のくせにいきなりトップセールスを記録したのです。

担当エリアでやったことは飛び込みセールスです。商店街をくまなくセールスするのですが、お客さんは大手機関投資家などではなく、八百屋さんや魚屋さんといった商店主ばかりでした。最後の決め手は「日本を買ってください」ですが、その前に、まずは話を聞いてもらわなければなりません。

そのためにどうやって心を開いてもらったと思いますか？　それはジョークや、笑いを取ることでした。

営業マン「将来○○会社の副社長になる予定の△△がやってまいりました」
商店主「なんで社長じゃないの？」
営業マン「社長は運がないとなれませんが、副社長までは実力でいけます。だから副社長なんです」
商店主「君、おもしろいねえ」

彼の持論は**「ものを売るより人の話を聞きに行け」**ということでした。今でもそうです。ですからいつも質問ばかりしています。

「どんな人生観をお持ちなんですか？」

「どんな店づくりをしているんですか？」

「将来、経営者になるつもりなのですが、社員の方々にどんな教育をされているのですか？」

もう一つ持論がありました。それは「ものを売るより感謝をしに行け」というものです。

「光栄です」

「こんなに勉強になったことはありません」

「将来、必ずこの勉強を活かします」

こういうスタンスがアポ取りには一番大切なのです。

営業という仕事は総合格闘技だ、と私は考えています。ただし、この格闘技では頭脳をどれだけフルに回転させて創意工夫するかが問われます。間違っても、当たって砕けろ式にいたずらに真正面からアポ取りをしようとして本当に砕け散ったり、苦労するものではありません。

アポ取りなどで苦労していてはいけません。重要とはいえ、まだまだ前哨戦にすぎないのです。予選段階で本選ではありません。

本番は交渉でありクロージングです。アポ取りでクタクタになってはいけません。すんなりとアポ取りができるような仕掛けをあなたも工夫してつくってみてください。

第4章

〈シーン別〉売り上げを確実に伸ばす質問力

■「質問力」の基本を徹底的に叩き込む！

質問力は営業マンにとって魔法の杖です。難攻不落のお客さんの心を開き、成約まで持っていけるのは、質問力があればこそです。

お客さんから信頼を勝ち取り、次々に新規顧客を紹介してもらえるのも、質問力のおかげです。

トップ営業マンともなりますと、今度のお客さんにはどんな質問をくり出そうか、などと意識することもありません。

もはや完璧な質問力を身につけていますので、ケースバイケース、商談のなりゆきに任せて、質問をアレンジして、会話を楽しむ余裕すらあるのです。

質問力を頭と体に叩き込み、現場で活用し、成功体験、失敗体験を積んできたからです。

まず、基本をしっかりマスターしましょう。**トップ営業マンが質問力をアレンジできるのは基本があるからです。基本という型のない営業マンは「かたなし」と呼ばれ、**

基本があって臨機応変にアレンジできる一流営業マンは「かたやぶり」と呼ばれます。

多種多様な質問力がありますが、トップ営業マンは次の10種類の質問力をおもに活用しています。これだけマスターすれば鬼に金棒と言っていいでしょう。

①「イエス」か「ノー」で答えさせる「クローズド質問」

まず、最初に基本中の基本「クローズド質問」からご紹介しましょう。これはお客さんが「イエス」「ノー」で答えられる質問のことです。

もちろん、これのみで成約（クロージング）まで持っていくのは至難の業です。クローズド質問をくり返すと、「まるで尋問だな」「国勢調査か？」と、お客さんは不快感を覚えてしまうのです。

当たり前です。イエス、ノーで答えられる質問ばかりくり出されたら誰でもそうなるでしょう。

ですから、これは連発せず、思い出したように使うのがコツです。

営業マン「カラーはこれでいいですか？」
お客さん「はい（これでいいです）」
営業マン「明日、納品でいいですか？」
お客さん「はい（明日、納品してください）」

「イエス」か「ノー」しか返ってこないというのは、会話としてあまりにも素っ気ないものです。

しかし、これは答えた人が悪いのではなく、「イエス」か「ノー」としか答えられないような質問をするほうが悪いのです。営業マンとお客さんのやりとりでも全く同じです。

コミュニケーションでおもしろいのは「サプライズ」と「ハプニング」です。「イエス」か「ノー」かという二者択一には発展性はありません。

「はい（いいえ）」と答えた瞬間にコミュニケーションが終了してしまうからです。

「クローズド質問」はたまに使うから効果的なのであって、こればかりでは商談は失敗してしまいます。

商談にもっと花を咲かせたい、もっと突っ込んだ話をしたい、もっと深くお客さんを知りたい、もっとお客さんと親しくなりたい、もっと広がりのある仕事をしたい、というときには次の質問力を活用しましょう。

②正確な情報を手に入れる「オープン質問」

「イエス」か「ノー」しかない「クローズド質問」と違い、より具体的に気持ちを披露させるのが「オープン質問」です。より詳しく、突っ込んで情報を拾いたいときに活用します。営業マンとお客さんの例を見ていきましょう。

営業マン「どんなお車がお好みですか？」

お客さん「スポーツカーが好きですが、家族が多いので……」

営業マン「ご家族は何人いらっしゃるんですか？」
お客さん「五人です」
営業マン「五人ですか？　そうなるとスポーツカーは難しいかと……」
お客さん「そうですよね」
営業マン「スポーツカー並の走りと雰囲気を味わえるファミリータイプの車はいかがですか？」
お客さん「いいですね、そんな車があるんですか？」
営業マン「ございます。試乗されませんか？」
お客さん「できるんですか？　嬉しいですね」

オープン質問は、曖昧なお客さんの気持ちをよりピンポイントで把握するために使うと便利です。もっと具体的に、もっと明確に、もっと詳細に、お客さんの情報を知りたいときには、より開放的に回答してもらえるオープン質問を使いましょう。

③隠れたニーズを引き出す「選択質問」

曖昧でざっくりとした要望で、なかなかイメージがわかないとき、「AとBではどちらがいいですか？」式の質問をして、お客さんの反応をチェックします。

いくつか選択肢を用意して、ベストではないかもしれないけどベターだ、という選択を何回かくり返してもらうと、お客さんの理想に限りなく近い商品（サービス）を提案できます。例を見ていきましょう。

営業マン「下町と山手とどちらの物件をお探しですか？」
お客さん「山手は家賃が高くありませんか？」
営業マン「高くなります。10万円以上15万円未満のお家賃とそれ以上とでは、どちらのほうがよろしいですか？」
お客さん「安いに越したことはないけど。山手なら15万円以上でもしかたがないですね」

営業マン「10万円前後なら山手にはこだわらない、ということでしょうか？」
お客さん「そのくらいなら下町でもいいかな」

これは「イエス」か「ノー」か、という回答を引き出すものではありません。たとえば、飛行機に乗ったときに、「お肉とお魚のどちらにされますか？」とCAから聞かれたら、どちらか自分の好みを伝えるでしょう。中には「ベジタリアンです」と言って野菜中心の食事を注文したりする人もいます。

このように、**選択質問をくり出すと、お客さんの気持ちを絞り込んでいくことができるので、最終的には「それそれ！　それが欲しかったんです！」という本当のニーズにたどり着けるのです。**

これは、お客さん自身が明確な意見やニーズを持ち合わせていないときなどは、特に効果があります。

この質問法は、クローズド質問とオープン質問を混合させたものになります。

④あれこれ迷わせない「限定質問」

選択質問は営業マンが「Aですか、Bですか、それともCですか?」と選択肢をいちいち考えて設定しなければなりません。

こうなると、営業マンの設定以外のニーズは、お客さんから引っ張り出せなくなります。結果的に、「う〜ん。やっぱり……気に入らないな」と断られてしまうこともあります。

考えてみれば当然の結果です。なぜならば、営業マンが用意した選択肢の中からしか選べないのですから、「私が欲しいのはそんなものではない」となってしまうわけです。

お客さんと打ち合わせの日程を合わせるときを例に取ってみます。

営業マン「明日と明後日、どちらがご都合がよろしいでしょうか?」
お客さん「明日のほうがいいです」

営業マン「午前と午後とでは?」

こんな質問をくり返していては時間がいくらあっても足りません。相手に選択の主導権を持たせるからこうなるわけです。

また、「いつにしましょうか?」という「オープン質問」でアプローチすれば、「いつにしようかな?」とかえってお客さんは迷ってしまいます。こうなると、アポなど永遠に取れません。

そこで、次のように質問してみてください。

営業マン「今週だと何曜日が、ご都合がよろしいですか?」
お客さん「金曜か土曜ならあいています」
営業マン「週末のご都合はいかがですか?」
お客さん「土曜のほうがいいです」

トップ営業マンになるための質問法①～④

①クローズド質問

お客さんが「イエス」か「ノー」で答えられる質問。たまに使うことで効果を発揮する。

---

②オープン質問

より具体的にお客さんの気持ちを知るための質問。相手の曖昧な気持ちをピンポイントで把握することができる。

---

③選択質問

「ＡとＢではどちらがいいですか？」といった質問をすることで、お客さんの理想に限りなく近い商品やサービスを提供できる。お客さんの気持ちを絞り込むことができるので、本当のニーズを知ることができる。

---

④限定質問

選択の主導権をにぎることができる質問。質問を限定することでお客さんもあれこれ考える手間が省ける。

あえて「今週は?」「週末は?」「今月は?」というように限定してしまうと、お客さんはあれこれ考える手間が省けるのです。

⑤相手の思わぬ本音が出てくる「確認質問」

営業マン「納品は今週の金曜日でしたね?」
お客さん「そうです。朝9時だから遅れないでくださいね」

営業マンは、お客さんの返答を根拠として行動に移ります。これを「確認質問」と言いますが、この質問を使う場合に、留意してほしいことは語尾に「ね」をつけるということです。

「ね」をつけることで念を押すこともできますし、婉曲的な質問にもなるので、一挙両得です。

試しに「ね」を外してみると、「納品は今週の金曜日でした?」になります。

これでは、あやふやで、うろ覚えな感じが伝わってしまいます。お客さんの立場からすればこれは非常に困ります。

本当に大丈夫か、と不安になってしまうのです。たった一文字ですが、「ね」の威力に注目してください。

「確認質問」は、わかっているけど、念押し、再チェック、再確認する意味で質問しました、という話法なのです。

相手と理解を共有しておくための質問です。そうすれば、言った言わない、伝えた伝えない、という水掛け論が発生することもありません。お互いに漏れのない仕事をするためにも大切な質問になります。

もちろん、ビジネス現場では頻繁に使われています。あなたも1日に何回もこの質問をしているかもしれません。

この「確認質問」は、戦術的に活用すると思わぬ効果が発揮できます。

たとえば、次のケースを見てみましょう。

住宅展示場にやってきたお客さんと営業マンとのやりとりです。ひと通りモデルルームを見て回ったあと、営業マンがおさらいの意味で説明をします。

説明が佳境に入った瞬間、営業マンがこの「確認質問」をくり出します。

営業マン「それはそうと、土地をお持ちでしたよね？」
お客さん「えっ？　まあ、あるけど」

営業マンの「ね」に込められた意味がわかりますか？
「当然、土地は取得ずみですよね？　あとはどんな上物を建てればいいかを調べに来たんですよね？」という念押しなのです。
しかも、面と向かってテーブルを挟んでいる商談の場ではなく、横並びになって、歩きながらの質問です。
ダメ営業マンは、次のような質問をしてしまいます。

営業マン「ところで、土地はもう手当てされましたか？」
お客さん「いやあ、まだなんですよ（今日は見学に来ただけ。買いませんよ）」

「ね」に意味が込められた「確認質問」は、セールスの現場ではとても大きな意味を持っているのです。

⑥それとなく、なんとなく本質に切り込む「婉曲質問」

質問は、わからないことを、わかろうとするためにします。わかっていれば質問する必要などありません。

ただし、わからないことがあるからといって、どんな質問をしてもいいわけではありません。

なぜならば、質問という形の不平不満、グチ、文句、さらには攻撃と受け取られてしまうことがあるからです。

営業マン「先に提案した私どもの企画がボツになって、あと出しじゃんけんのA社の企画が通った理由はどうしてですか？」

お客さん「わが社の決定に何か問題でもありますか？」
営業マン「いいえ、めっそうもありません。納得できないので教えていただきたいだけです」
お客さん「予算とか納期とかを総合的に判断してA社になっただけです」

遠回しに質問するより、直接ズバリと質問したいときがありますが、こういう質問のしかたはお客さんが気分を害するリスクを含んでいます。本当に虎の尾を踏んでしまっては元も子もありません。

そこで、この婉曲質問が必要になってくるわけです。**遠回しと言うほど遠くはありません。ただ角が立たないように、それとなく、なんとなく、ソフトに質問することがコツです。**

営業マン「一つおうかがいしたいことがあるのですが？」
お客さん「なんですか？　答えられることは答えます」
営業マン「ありがとうございます。先日、弊社の企画がボツになりましたよね？」

お客さん「ああ、あれね。聞きたいのはボツになった理由ですか？」
営業マン「実は、自分なりに自信があったもので。次回はもっといい提案をしたいと考えています。今後のためにアドバイスをいただけませんか？」
お客さん「あなたの企画は、とてもよかったよ。A社の提案にあって御社になかったこと、それは○○だよ」
営業マン「目から鱗です。勉強になりました。アドバイスを活かしていきたいと思います」
お客さん「頑張ってください。ここだけの話ですが、私はあなたの企画を推しましたので」

⑦とことん突っ込んで真意を引き出す「深掘り質問」

いったい問題はどこにあるのか？　何が阻害要因なのか？　どんな事情があって契約ができないのか？　それがわかれば、対策も立てやすいと思います。

お客さんから本音を引き出して、その問題を解決する提案をする。そして、きっちり契約を取る。そのためのスキルが「深掘り質問」です。

この質問のコツは、一流のカウンセラーが多用するフレーズにヒントがあります。

そのフレーズとは、**「もう少し詳しく言うと？」「その点をもう少し教えてもらえますか？」「それで？」「たとえば？」**というものです。

「もう少し詳しく言うと？」と質問すると、お客さんの中には口を濁したり、無言になってしまう人もいます。

よっぽど口外できない事情があるのでしょう。「あっ、困ってるな」と気づけばそれ以上は質問しません。

しかし、多くのお客さんは、「あのね」「実はね」と腹を割って話してくれます。そうやって裏事情をのみ込めば、解決法を提案することもできます。おかげで、めでたくセールスができたり、契約を取ることができるのです。

実は、お客さんは営業マンほど、商品（サービス）購入に執着を持っていません。だから、営業マンのほうで懸命に、そして、さりげなく真意をつかみ取らなければならないのです。

私が法人営業マンの頃によく使った「深掘り質問」をご紹介します。「深掘り質問」で不可能を可能にする瞬間を何度も味わいました。ピンチをチャンスに転換する「魔法の質問力」と言っていいでしょう。

すでにご紹介したように、当時、私は1冊150円の雑誌や1000円未満の教育書籍を人事部や教育部を通じて従業員に斡旋販売してもらっていました。

担当者に、5000人以上もの従業員にチラシを配布してもらい、申し込み分の代金を振り込んでいただきます。一番大変な作業は、申込者一人ひとりに注文の本を渡すことです。

本社のみならず、全工場、全営業所の協力を得なければできません。煩雑極まりない作業ですから、これを業務の一環としてやってもらうには、従業員教育の意義を理解してもらうことが大前提になります。

ただでさえコストを徹底削減している中、よけいな人件費や労力をかけてまでしたくない、というのがお客さんの本音だったのです。

私に課せられたことは、この本音の部分をどう突破するか、ということでした。

私　「斡旋をやめる？　教育の意義をあれほど熱く語っておられる部長がですか？」

人事部長「やりたいのは山々だけど人手がない。本社もそうだけど、工場はさらにギリギリの人員で動かしている。はっきり言って、もっと重要な仕事を抱えているんだよ」

私　「人手不足でも続けている会社はたくさんありますよ。やりたいけどできない、ということですが、もう少し詳しく教えていただけませんか？」

人事部長「たとえば配本が煩雑でしたくないらしいんだね。一人の女性社員がつききりで2、3日かかるから」

私　「（女性陣から泣きつかれたんだな）わかりました。ならば、こうしませんか？　代金回収は間違いがあるといけないので人事部で処理してください。配本は、本社、工場、営業所ごと、しかも部門別に梱包しましょう。もちろん申込書をコピーして同封しておきます。そうすれば作業は楽になると思います」

人事部長「なるほど」

私　「ただし郵送料節約のために工場と営業所へのお届けは御社の社内便を使わせていただけませんか？　その条件で一度ご検討していただけませんか？」

人事部長「そこまでやってくれるなら説得できるかもしれない」

上司といえども、仕事といえども、部下のご機嫌うかがいをするタイプは少なくありません。

今の時代、上司のほうが部下に気兼ねしているくらいです。この提案は受け入れてもらえました。ほかの取引先でもこの「深掘り質問」で突破してきました。とても有効な質問だと思います。

⑧思い通りに人を動かす「誘導質問」

営業では「誘導質問」を、どんどん活用していくべきです。

たとえば、次は商店街の浄水器販売コーナーにふらっと立ち寄ったお客さんと販売員のやりとりです。

販売員「お支払いはどうされますか？」
お客さん「えっ？」
販売員「カードもすべて使えますが」
お客さん「あっ、そうなの？」
販売員「今日までキャンペーンで半額セールです」
お客さん「半額？　どうしてそんなに安くなるの？」
販売員「半額にしますけど、その代わり、1週間、簡単なアンケートに回答してもらいます」
お客さん「難しそうだね」
販売員「簡単ですよ。毎日、チェックシートにチェックしてもらうだけですから。3分もあれば終わりますよ」
お客さん「そんなに簡単なんだ。キャンペーンは今日までなの？」

販売員　「今日の午後6時までです」
お客さん「では、買います」

どこが「誘導質問」なのかわかりましたか？　お客さんは店舗に入ってきました。このとき、まだ、買おうかどうするか、なんの意思表示もしていません。立ち寄ったからといって必ず購入するわけではありません。

にもかかわらず、「お支払いはどうされますか？」といきなり質問しているのです。もう買うだろう、買うに決まっている、であれば、支払い方法を質問しよう、というわけです。

典型的な「誘導質問」です。

しかも、今この場で買うメリットをアピールしています。「格安で買える」ということに対する不信感を払拭する大義名分まで用意しています。さりげないけど、実に考えられているセールス方法だと思います。

「誘導質問」で有名なのは、「イエス誘導質問」と呼ばれているものです。これはお客さんがイエスと答える質問をくり返して、成約に持ち込む手法です。たとえば、次のやりとりを見てみましょう。

営業マン「今日は暑いですねえ？」
お客さん「暑いですね」
営業マン「今日は休み明けですね？」
お客さん「はい、そうです」
営業マン「朝はいつも早いんですね？」
お客さん「はい、早いほうが健康にもいいですからね」
営業マン「イタリア映画がお好きでしたよね？」
お客さん「はい、大好きです。『ライフ・イズ・ビューティフル』は最高です」

このように、**質問、イエス、質問、イエス、をくり返します。**いったいなんのためにこんなことをするのかと言えば、最後の質問にも「イエス！」とはっきり答えてもらうためです。

この「イエス誘導質問」には、お客さんの理性や感覚を麻痺させる効能があります。

感覚が麻痺してしまうと、いちいちリセットしてまともに考えるよりも、今までの流れや惰性のままに答えてしまいたい、と考えてしまうのです。

人間心理学につけ入ったもので、催眠商法などでは頻繁に使われている「悪魔の杖」です。取り扱い要注意、悪用厳禁の質問力です。

⑨外堀を埋めてから大きな契約を取る「フット・イン・ザ・ドア質問」

セールスの世界では、「フット・イン・ザ・ドア質問」がよく使われています。例を見てみましょう。

販売員　「お時間があれば試着だけでもどうぞ」

お客さん「(買う気はないけど試着だけならいいかな）それじゃ、これ、いいですか？」

販売員　「とってもお似合いです。やっぱりスタイルのいい人にはこの服は映えますね」

お客さん「そうかな」
販売員「お客様のためにつくられたような服です」
お客さん「（これも縁かしら）買おうかな」

「こんなにお客さんは単純じゃないよ」と思われるかもしれませんが、これはよくあることです。私でも、このような流れで買ってしまうことがあります。試着したら最後、ほぼ買ってしまうのです。試着してしまうと、私の場合、それだけ時間をかけたのだから買わないと損だぞ、という思考も働いてしまいます。

人はいったん要求をのみ込んでしまうと、その後の要求もずるずると受け入れてしまうのです。

断りたくても心のどこかにそれをさせない力が働きます。心理学で「一貫性の原理」と呼ばれるもので、「一貫している＝望ましい」「一貫していない＝望ましくない」という社会規範の影響を受けているのです。

大きな要求には、「無理、無理、無理」と即、拒絶するのに、小さな要求に対しては「イエス」と簡単に答えてしまうのは、それほど心理的負担、経済的負担を感じないからです。
ところが、この小さな要求をいったん受け入れてしまうと、「一貫性の原理」を守ろうとするために、大きな要求も承諾しなければならない、と感じてしまうのです。「イエス」と言いやすいことからスタートする。それからどんどんエスカレートさせていけばいいわけです。

営業マン「予算がない？　わかりました。仕事ぶりを実際に見ていただきたいので、初回は無料で結構です。結果を見て、続けるかどうかをご判断くださいませんか？」
お客さん「無料？」
営業マン「そうです」
お客さん「それなら、やってもらいましょうか」

営業マンはこんな方法もありますよ、と提案するのが仕事なのです。

⑩ハードルを下げて契約を取る「ドア・イン・ザ・フェイス質問」

営業マン「トータルで2000万円になります」
お客さん「2000万円？　高すぎる。それでは契約は無理ですね」
営業マン「セールスプロモーションを外せば1000万円ですみます」
お客さん「それでも1000万円か……」
営業マン「CM制作は来期に回してマーケティングリサーチを先行させませんか？」
お客さん「いくらですか？」
営業マン「300万円ほどです」
お客さん「それなら私の決裁の範囲内です」

この質問法は、「ドア・イン・ザ・フェイス質問」と言います。
アメリカの心理学者チャルディーニは、大学生を集めて、「2年間、毎週2時間のボランティアを頼む」と依頼しました。

トップ営業マンになるための質問法⑤〜⑩

⑤確認質問

語尾に「ね」をつける質問。念押し、再チェック、再確認をすることができる。

---

⑥婉曲質問

角が立たないように、それとなく、なんとなく、ソフトに核心に迫ることができる質問。

---

⑦深掘り質問

お客さんの問題を解決する提案をして、きっちり契約を取るための質問。

---

⑧誘導質問

お客さんが商品（サービス）を買うという前提で話の流れをつくっていく質問。

---

⑨フット・イン・ザ・ドア質問

心理学の「一貫性の原理」を基にした質問。お客さんに大きな要求をのんでもらいたいときに効果を発揮する。

---

⑩ドア・イン・ザ・フェイス質問

セールスの世界では広く活用されている質問法。最初に断られる前提で大きな要求をし、次に本当の要求を提示する。

断った学生に、「それなら、1日だけ、子どもを動物園に連れていくボランティアをしてくれないか?」と依頼したら、断った学生の半分が引き受けてくれることになったのです。

このように、最初にハードな要望を提案しておいて（もちろん断ることは計算ずみです）、断った瞬間、それよりもかなり低い要望（これが「本来の要望」です）を切り出すのです。**相手には一度断ったという「負い目」があるため、その負い目をリカバーしようとする心理状態になります。結果、少々の要望ならばOKしてしまうのです。**

この質問力はとても効果があります。ですからセールスの世界では広く活用されているテクニックです。

お客の「なるほど!」をつかむ三つの質問

さて、セールスにおいて通常価格の半額の販売価格を提示されたら、あなたならどう思いますか? 「おかしいな。怪しいな」と思うのが普通です。

あるいは、「そんなに安くなるのか？　ならばもっと値切れるな」と思うかもしれません。もちろん、そんなことをされたら、営業マンは困ります。

そこで、お客さんがすんなり納得するような理由を用意しておくわけです。**お客さんに「なるほど！」と思ってもらえる三つの質問法**をご紹介しましょう。

①「御社で成功すればこの商品（サービス）は広がります。今回は私どもの投資とお考えくださいますか？」

②「会社には内緒ですが、この企画を、ぜひやってみたいのです。私のキャリアにもつながりますし、長い目で見ればわが社もペイします。損を覚悟で進めようという気持ちを、わかってもらえますか？」

③「今は儲からなくてもいいのです。その代わり、長いおつき合いをする中でいずれ回収させていただけますか？」

このように理由づけとなる質問は、やりとりの中で臨機応変に出せるように自分を鍛えておく必要があります。

いきなりハードな要求を出されても、臨機応変に対処し、みごとに契約を勝ち取ったケースがあります。少し変則的ですが、ご紹介しておきます。

お客さん「君ね、取引したいと言うけど、わが社はバーターだよ。取引先にはわが社の商品を買ってもらっているんだ」
営業マン「わかりました。私が買えばよろしいですね？」
お客さん「えっ、うちの商品を君の会社に入れてくれるのか？」
営業マン「いいえ、私個人で買わせていただきます」
お客さん「無茶言うなよ」
営業マン「いいえ、無茶ではありません。貯金とボーナスでなんとかなります」

この営業マンが購入したものはなんだと思いますか？　ベンディング・マシンなのです。

ベンディング・マシンとは、お金を入れるとコーラやコーヒー、お茶のペットボトルが出てくるあの大きな自動販売機のことです。これを自腹で購入します、と言うわけです。

営業マンが自腹で購入することはルール違反だ、と私は思っています。フルコミッションの営業マンならまだしも、サラリーマンがすべきことではありません。

営業マンはセールスをするのが仕事なのに、給料をはるかに超える商品を買っていたら、セールスという仕事は続けられなくなります。これでは本末転倒です。しかし、ルールを逸脱しても、この会社と取引したかったのです。

お客さん（人事部長）にとっても、「買う」という返事は想定外だったでしょう。断るために、この無理難題を用意したはずだからです。ところが、この営業マンは承諾してしまった。こうなると約束通り契約しなければなりません。

人間というのはおもしろいもので、はったりか本気かは短時間でも話し合えばなんとなくわかるものです。この人事部長は営業マンを高く評価しました。そして結局、ベンディング・マシンは売らず、それでいて、契約をしてくれたそうです。

最後の最後、営業、セールスでは「気概」や「迫力」が大きくものを言います。なぜならば、人を相手にしている仕事だからです。思わぬドラマを満喫できるのも営業マンの醍醐味なのです。

第5章

「クロージング」が格段にうまくいく質問力

勝負は最後の最後までわからない

「上手に説明すればクロージングは決まりだ！」と豪語する営業マンが少なくありません。クロージングとはセールスの最後の最後の段階＝契約を結ぶことです。

営業マン「……ということです。ご不明の点はございますか？」
お客さん「特にありません」
営業マン「ありがとうございます。では、こちらにご記入いただけますか？」
お客さん「記入？　契約するとは言っていないけど」
営業マン「えっ、先ほど熱心にお聞きになられていたじゃないですか？」
お客さん「プレゼンはよく理解できました。このシステムがすごいということも。でも、導入するとは言っていませんよ」

完璧なプレゼンをして余韻に浸っているのに、「契約しない発言」が飛び出るとはショックなことでしょう。

「わかる（理解した）」と「買う」「契約する」との間にはものすごく距離があるのです。理解してもお客さんが買うとは限りません。いや、理解しても買わないお客さんがほとんどかもしれません。

なぜならば、「欲しい！」という欲求がないからです。

「欲しい！」となって、はじめて買おうかな、となるのです。

クロージングのコツは、この「欲しい！」を仕掛けることにあります。

買うか買わないか。

契約するかしないか。

採用するかしないか。

これらは、すべてお客さんの専権事項です。営業マンができることはお客さんを「その気」にさせることだけなのです。

クロージングは魚釣りと同じです。説明やプレゼンをすればお客さんは注目してくれます。営業マンが上手にできれば、「うんうん、なるほどね」と理解してくれるでしょう。

しかし、お客さんが商品に必ずしも食いつくわけではありません。いつどのタイミングで食いつくか、質問でお客さんの本音を引き出したり、刺激したり、サウンド（打診）したりして、「今食いついた！」「今なら買って（契約して）いただけるぞ！」というタイミングを計らなければ、逃げられるに決まっているのです。

クロージングとは、この「タイミング」をきっちり捕まえることにほかなりません。クロージングに失敗すると、もはやゲームセットです。

「買わない」「契約しない」と言ったお客さんに、「やっぱり買おう」「思い直しました。契約します」と訂正させるのは大変なことです。特に同じ営業マンではほとんど不可能だと言えます。

■営業マンは無意識にクロージングを避けている!?

お客さんからよく言われたセリフがあります。それは、「検討中です」「検討していただいています」というフレーズです。

何週間経っても検討中なのです。ロケットや原油をセールスしているわけではありません。1カ月、いや、1週間も検討すれば結果は出ているはずです。

お客さんが検討ばかりしているのには、営業マンに原因があります。断わられたら一巻の終わりだ、と考えるあまり、営業マンみずからクロージングを避けてしまうのです。

なぜ、お客さんに断られたり、拒絶されてしまうのでしょうか?

原因は二つあります。一つは、そもそも欲しいと思っていないお客さんを選んでしまったこと。

もう一つは、営業マンがクロージングをうまくできないことです。

「ぜひここで決めてください」「契約書を用意しました」という話を説明やプレゼンの直後にしたのでしょう。これではお客さんは「追い込まれた!」「せっつかれている!」と感じてしまいます。

だから、「上司と相談します」「もう一度考えさせてください」「もう少し検討します」と逃げられてしまうのです。「もう一度考えさせて」と言われたら、営業マンは何も言えなくなってしまいます。

「考えさせてほしい」と言うお客への対応法

クロージング中に、「もう少し考えさせてほしい」と言われたら、あなたはどう切り返しますか?

実は、私のセミナーで実習してもらうと、ほとんどの営業マンは切り返せません。お客さんには決断を先延ばし、先送りしたいという慎重派が少なくないのです。

「欲しい!」というものなら、さっさと導入したほうが得なのですが、なぜか躊躇するのです。

資金的な事情や根回しなどいろんな理由があるのでしょうが、とにかく、「考えたい」と言うわけです。

そんなお客さんをせっつくのは逆効果です。「考えたい」が「やめておく」へと一気にエスカレートしてしまうからです。

お客さんの「もう少し考えさせてほしい」という反応には、次の三種類の意味が含まれています。

①迷っているので落ち着いて考えたい
②営業マンと自分の攻守を入れ替えたい
③慎重派だから

お客さんは最後の最後で迷うものです。

迷う理由は、確信が持てないからです。

「せっかく導入しても、(あのときと同じように) また宝の持ち腐れにならないだろうか」

「タンスの肥やしにしてしまうのではないだろうか」

「本当にきちんと活用してくれるならいくつでも買うけど、はたして……」

こんなふうに、購入、導入した結果、いいパフォーマンスが期待できるだろうか、と思案中なのです。

では、「欲しくないのか?」と言うとそうではありません。商品(サービス)に関心があるから営業マンの話を熱心に聞いてくれるのです。本当に考えたい、検討したい、というお客さんもいるのです。

しかし、「考えさせてほしい」と回答する理由の多くは、「欲しい！」という欲求レベルが低くなってしまったからです。だから、一流営業マンはお客さんの「欲しい！」を刺激してあげます。

このとき、もっと説明しよう、もっと説得しよう、と考えてはいけません。そんなことをすれば、「しつこいなあ、また売り込みか」とお客さんの心が離れてしまうからです。

まして、「今日決めてください」「ここで決めてください」と迫れば、逃げ出すに決まっています。ここは質問力の出番です。

商談最後の壁を乗り越えるための質問法

営業マン「なぜ、このシステムを導入しようと思われたのですか？」

お客さん「やっぱり作業の効率化です。従業員も楽になるし、最新機械があれば人を雇わなくてもすむし」
営業マン「決断に迷われていますか？　もっと情報が必要ですか？」
お客さん「もう十分理解しました」
営業マン「欲しいとは思われませんか？」
お客さん「もちろん、欲しいです」
営業マン「こうすれば契約しやすい、ということはございますか？」
お客さん「資金的なところですね。値引きがないなら支払いサイトを考慮してもらえれば」
営業マン「考慮できますよ」

「欲しい！」「契約しよう」という気持ちがなえてしまうのは、何らかの阻害要因があるからです。

いったい何が阻害要因なのか、質問で探りましょう。

このケースでは、資金が大きな壁になっていました。クロージングで拒否されないように、阻害要因を一つずつチェックします。

①契約するつもりがあるかどうか?
②商品(サービス)を真に理解できたかどうか?
③いったい契約を阻害する壁は何か?

これさえ突き止めればクロージングのキモがわかります。壁さえ乗り越えられれば、スムーズに契約を結ぶことができるのです。

お客さんが商品(サービス)に対してマイナスイメージを持っていたら、そのマイナス部分を解決できるならばいいですが、解決が難しい場合は、質問力で気持ちを切り替えてあげましょう。

たとえば、価格が高いということは品質が飛び抜けていいということ。価格が安ければ、壊れても買い替えやすいということ。こういった具合に、お客さんが考えられるようにしていきましょう。

営業マン「今回の製品は自信作です。ご満足いただけましたでしょうか?」

お客さん「期待通りです。けど予算をかなりオーバーするから、値段がネックです」
営業マン「参考までにご予算はいかほどですか？」
お客さん「200万円です」
営業マン「なぜ、こんなに値が張ると思われますか？」
お客さん「ものの質がとてもいいからだと思います。中国製とは段違いですね」
営業マン「ありがとうございます。安物買いの銭失いと言いますが、みなさん、高くても最新作を選ばれます。200万円で1年もてばいいと考えるか、500万円出して5年はもつ製品を手に入れるか？　最後は経営者の胸三寸ですね」
お客さん「やっぱり買うしかないな」

会社の場合、「欲しい！」ならば踏ん張ってでも買います。ビジネスユースなら借金してでも購入しようとします。お客さんが気持ちを切り替えられるような質問をしていきましょう。

■お客の「欲しい！」のピークを見逃すな

買うか買わないか、契約するかしないか、採用するかしないか、これらはすべてお客さんの専権事項です。「当たり前なことを言うな」と反論されそうですが、実は、営業マンのすることなすことを見ていると、本当にそう考えているのか疑問に思うことがたくさんあるのです。

「お客様は神様」――。神様だから、営業マンのアドバイスは聞いても、それによって決断を左右されたくない。自分で考えて、自分で決める。これがお客さんの基本姿勢です。

営業マンの仕事は、お客さんが購入を決断できるように情報を提供し、お客さんを「その気（＝買う気）」にさせることです。

それを、質問力を駆使して気づかせてあげなければなりません。この点をもう一度認識しておいてください。

さて、法人セールスの場合、個人相手のセールスと違って、一回訪問してダメだったからと言って簡単にあきらめるわけにはいきません。何年にもわたってフォローし続けるのです。

法人セールスは大きなマーケットですから、むげにはできませんし、無視はできません。やはり、なんとか突破口を切り開くべきです。

特に大企業の場合、人事異動や定年がありますから、このときがチャンスです。責任者が代われば方針も変わります。

方針が変われば、既存取引先で固まっていたビジネスにも食い込むチャンスが生まれます。

とにかく、営業マンはすべて結果で評価されます。どんなに努力しようが、汗と涙を流そうが、結果が出なければなんの評価もされません。

労多くして益少なしは無能の証。創意工夫、アイデア、研究、勉強、情報武装などが重要になってくるのです。

結果で評価される＝プロセスにはなんの評価もされない、ということです。

では、営業マンにとって結果とはなんでしょうか？　それはクロージングです。きっちり契約を勝ち取ったり、商品（サービス）を購入してもらうことにほかなりません。

「もう少しで契約が取れたのに……」「買うと言ってもらえたのに……」「契約書にサインする直前までいったのに……」と言っても、実際に契約を取れなければ何もしなかった、と見なされるわけです。

営業マン「いかがでしょうか?」

お客さん「いいですね。でも、申し訳ないけど、主人に相談してからにします。あの人は、私が勝手にものを買ったりすると機嫌が悪くなるから。明日、必ず買いに来ます」

営業マン「必ず来ていただけますね? それでは、お電話させてください」

お客さん「いいですよ」

ご推察の通り、残念ながら、このお客さんは二度と来店しないでしょう。電話しても、「ごめんなさい。主人に怒られちゃった。いつか必ず買います。約束します」と言われて終わりです。

「欲しい！」という瞬間がピークなのです。その瞬間を見逃してはいけません。

土壇場でキャンセルされてしまうワケ

土壇場でキャンセルされてしまう原因は二つあります。

一つは、お客さんが不安と期待の狭間で揺れ動いているから。

消耗品や備品などの安物ならいざ知らず、不動産といった一生ものや、設備投資や教材選択、ＯＡシステムの導入などの重要な選択では迷うのが当たり前です。

こういう迷うお客さん（少数派）は、決めないことが一番のリスク回避だと信じていますから、ドタキャンが増えてしまいます。

もう一つの理由は、**決めないリスクを、営業マンがお客さんに気づかせることができないからです。**

ほとんどの営業マンがクロージングについて勘違いをしています。

クロージングで失敗すると説明が悪かったと反省し、その場でＰＣを取り出して、

「こんなにすごい機能がついています」「この機能があるとこんなことができますよ」と、モニターに映るデータや図表、画像をこれ以上ないというくらい詳しく解説し、説明を増やします。

いかに他社と比較して優れているか、いかにほかの商品（サービス）よりお得なのかを力説してしまうのです。

しかし、お客さんはなんの反応も示さない。と言うより、もう飽き飽きしている様子です。説明や説得をくり返せばくり返すほどお客さんの心は離れていきます。

クロージングでは「説明しない」「説得しない」が鉄則です。

ドタキャン客は「患者」として扱え

ドタキャンされたとき、「お願いします」「もう一度話を聞いてください」「もう一度だけチャンスをください」と言ってしまう営業マンが少なくありません。

「購入してくれるはず」と思い込んでいた中での「購入をやめる発言」ですから、

「信じられない」「なぜだ！」とパニックになるのも無理はありません。

しかし、もう一度、説明するチャンスをもらったところで、「買わない」が覆ることはほぼ100％ないでしょう。

よく考えてみましょう。いったんは「欲しい！」と決断したはずです。どういうわけか、それが「いらない！」「やめた！」に変わったのです。

どんなに上手な説明や説得をしたところで、いったん離れたお客さんの「買う気」が戻ることはありません。

ここですべきことは、ドタキャンの理由を探ることです。イマジネーションを発揮すれば本当の理由も透けて見えるでしょう。

とにかく、興奮と怒りを抑えて、お客さんを患者さんのように眺めてみることにしましょう。

営業マン「何か問題がございましたか？」

お客さん「この商品を、本当に使うのかなと思いまして……。使わなければ宝の持ち腐れになるので……」

営業マン「ぜひお使いください。素晴らしい品ですから」
お客さん「でも……」
営業マン「欲しくないんですか?」
お客さん「欲しいけど……」
営業マン「それをうかがって安心しました。前向きに解決できるように二人で考えませんか?」

カウンセラーとしてお客さんに接するのです。ドタキャン客にはこれが大切なスタンスです。すんなり契約するお客さんよりも、ドタキャン客のほうが「事情」を抱えているからです。

たとえば、資金不足であるとか、家族から反対されたとか、もっと気に入ったものが見つかった、などの事情もあります。

お客さんの事情を引き出して、解決してあげることは営業マンの大切な仕事なのです。

ポイントは欲しいのか、欲しくないのか、です。

お客さんが契約したり、購入したりするとき、モチベーションで一番強いのは「欲しい！」という感情です。

「必要だ！」というモチベーションも高いのですが、「欲しい！」に比べれば圧倒的な差があります。

人がものを買う理由は、「欲しいから買う！」が正解なのです。安いから買うわけではありません。

お客と〝共犯関係〟になる

説明するのではなく、納得させるのでもなく、「買う気＝その気」にさせる——。「欲しい！」をお客さんに気づかせる。この、気づかせる技術こそが質問力なのだ、とお話ししてきました。

ところが、ダメな営業マンの中には、ドタキャンされると、怒りのあまり、お客さんに議論を吹っかける人間もいるのです。これは、言語道断。お客さんを言いくるめたところで、買ってもらえるわけではありません。

こんなことをしたら、「あの会社（店）の営業マンは最悪だ」と評判を落とすだけです。もしかすると、「おたくの営業マンの教育はどうなっているんですか！」とクレームが飛び込んでくる可能性もあります。

営業マンはお客さんに対して、へりくだったり、上から目線で接してはいけません。お客さんがリラックスできるような雰囲気や環境をつくり、同じ方向を眺めるスタイルを取るべきです。

ですから、議論などしてはいけないのです。カウンセラーはけっして議論などしません。

お客さん「この提案だが、もう一度、社長やチームのみんなと話し合っておきたいと思う」

営業マン「決定じゃなかったんですか？」

お客さん「悪いね」

営業マン「お気に召さなかったですか？」

お客さん「そんなことはないよ」
営業マン「○○さん自身はどう評価されているのですか？」
お客さん「私はなかなかいいと思う」
営業マン「では、○○さんはOK、と考えておいていいですか？」
お客さん「うん、そう考えておいていいよ」
営業マン「どうして、なかなかいいと思われるのですか？」
お客さん「それは□□という理由からだよ」
営業マン「それを聞いて安心しました。○○さん、みなさんを説得していただけますか？」
お客さん「大丈夫だよ」

いざ、クロージングとなると、「上司に相談する」「社長に聞いてみる」「妻（夫）に相談する」などと理由をつけて、その場から逃げようとするお客さんが少なくありません。

しかし、このケースのように顔見知りのお客さんなら、そこで空振りしても、次のチャンスにホームランを打てる可能性はなくなってはいません。

振り出しに戻ったと焦って、理由を追及しそうになりましたが、お客さんの心証を悪化せず、味方に引き込むために、議論を封印した結果です。

この人は協力してくれそうだ、と判断したら、このケースのように「共犯」にしてしまいましょう。**共犯意識をお客さんに持たせることは重要です。**秘密も共有できますから、社内事情なども詳しく教えてくれるようになります。

そのために必要なポイントは、◯◯さんの段階ではOKかどうかをチェックすることです。この段階で即答してもらえないようでは無理かもしれませんが、快諾してくれれば共犯になってくれる確率は高いと思います。

〝今すぐ〟〝この場〟で決めてもらう質問法

不動産を購入するとなると、野菜や漫画を買うほど気楽にはいきません。

あれこれカタログを集め、見比べ、実際にあちらこちらの住宅展示場を見て回り、ありとあらゆる情報をインプットしようとするのが普通です。

友人に大手マンション販売会社の経営者がいますが、お客さんは最後の最後まで迷い、決断できない人が少なくない、と言います。

ごく一般的な人の一生の中で一番高価な買いものは不動産ですから、何度も石橋を叩いて、それでもなかなか渡らないほど慎重になるのは当然です。

しかし、決断しなければ、明日は今日と同じ。状況は何も変わりません。購入するつもりなら、価格や税率変動という条件は別にして、なるべく早く決断したほうがいいのです。なぜなら、早く購入すれば早くローンの支払いが終わるからです。

また、お客さんは、慎重になるあまり次の点を忘れていることが少なくありません。

営業マン「今まで物件はいくつかご覧になりましたか？」
お客さん「いくつか見ました」
営業マン「気に入った物件は見つかりましたか？」
お客さん「どれもよくて目移りしています」
営業マン「そうですよね。販売している私も欲しくなりますからね。ところで、目移りしたということは、どれも同じように気に入ったということでしょうか？」

お客さん「そうです」

営業マン「ならば、これに決めませんか？」

お客さん「もっと物件を見ようかと……」

営業マン「今までどのくらいご覧になりましたか？　おそらく、最初にご覧になった物件はもう完売していると思います」

お客さん「……（沈黙）」

営業マン「高いお家賃を何年も払ってこられたと思いますが、そのお金があれば頭金にできたのではないでしょうか？」

ここまで質問をくり出せば、ぼんやりしていたお客さんもここで決断することの大切さに気づくでしょう。早く決めて、早く買わなければ、毎月、家賃分だけ損してしまうのです。

また、営業マンの指摘した通り、決断しないと物件はどんどんなくなってしまうのです。

この場合は、お客さんは買う気満々です。ただ、後悔したくないから、もっと情報を集めたい、と考えているわけです。

しかし、あまりに慎重すぎるとチャンスを逸してしまいます。だから、営業マンが背中を押してあげなければならないのです。

質問力の中には「とどめを刺すひと言」があります。この場合は、「頭金にできたのではないでしょうか？」です。営業マンは、たったひと言でお客さんの背中を押すことができるのです。

■「解約リスク」に気づかせるテクニック

ドタキャンだけでなく、今までの契約を見直したい、やめたい、と言いだすお客さんは必ずいます。

お客さん「生命保険を解約したいのですが……」
営業マン「どうしてお気持ちが変わったのか、よろしければお聞かせいただけませんか？」
お客さん「リストラされてね……。毎月の掛け金が苦しくなったんです」
営業マン「まさかのときのために、大きな保障をさせていただいています。解約はいつでもできるので、パフォーマンスを考えてみませんか？　掛け金の減額もできますしね」
お客さん「少し考えてみます」
営業マン「ところで、○○様が保険に求めているものはなんでしょうか？」
お客さん「まさかのときの保障ですが、毎月の掛け金を生活費に回したいんです」
営業マン「それなら、貯蓄型ではなく、保障型の掛け捨て保険がベストです。不謹慎かもしれませんが、解約したとたんにまさかのことがあったら、どうなさいますか？」
お客さん「怖いよな」
営業マン「怖いからセイフティネットが必要なのでは？　保険で安心を買っていただ

いているのでしょう？」

お客さん「わずかな掛け金だし、続けてみようかな。ほかの部分で節約してみます」

専門家のアドバイスを聞くことは重要です。ドタキャン、契約破棄、解約などは、普通のことではありません。だからこそ、客観的に冷静にリセットして、もう一度、お客さんに原点に返ってもらうことが必要なのです。

目先のことばかりに注目すると、お客さんの視野は狭まり、少し先の未来すら見えなくなってしまいます。そこに気づかせてあげると物事を広い視野で見ることができるようになるのです。

■「いくら？」と切り出されたら即、クロージングせよ！

空気の読めない営業マンはたくさんいます。こういうタイプは成功しないかと言うと、稀に大成功を収める人がいるのです。

もちろん、少数派ではありますが、そういうタイプが成功をつかんだ理由は、お客さんの気持ちを思いやったからではなく、エゴとマイペースでセールス人生を切り開いてきたからにほかなりません。

一方、残念ながら、ほとんどの営業マンは空気が読めなければ相手にされません。お客さんからも信頼されませんし、そもそも社会人失格のレッテルを貼られてしまいます。

多くの営業マンは、お客さんのお役に立ちたいと考えているので、空気を読もうと必死です。

「いくらですか?」

「支払いはどうなるんですか?」

「2個買ったらどうなります?」

こうお客さんが聞いてきたら、説明中であろうが、プレゼンが佳境に入っていようが、即刻クロージングに入りましょう。この場合、空気を読む必要はありません。と言うのも、お客さんが最後の最後に意思表示するのが代金についてだからです。

これらの言葉は、明らかに「買う」というサインです。説明などさっさと打ち切ってこう質問しましょう。

「現金になさいますか？　それともカードになさいますか？」

「お支払いですが、毎月均等払いがございます」

「月々の支払額を抑え、年二回ボーナス払いを併用する方法がございます」

質問力で、お客さんのためにベストの方法を提案するのです。

第6章

売り上げ10倍増を実現する「質問力シート」

これで万全！「質問力シート」を準備して臨もう！

この章で紹介する「質問力シート」はあなたの参謀であり、パートナーとして、力を発揮してくれます。

質問力をまだ修得していない営業マンは、ぜひ、手帳やノートに記し、それをチェックしながら、商談やアポ取りに臨んでいただきたいと思います。

何度か試しているうちに、きっと、あなたがよく使う質問がわかってきます。何度も商談の現場で使っているうちに、手帳やノートをチェックしなくてもいいようになります。

その頃が質問力の免許皆伝の瞬間です。魅力的な質問を自由自在に使うことができるようになるでしょう。

質問力シートは、あなただけではなく、ぜひ会社、部門、チームという単位で取り入れてください。

そもそも営業マンの質問力スキルを個人技にしておくことは、非常にもったいないのです。シェアできるスキルは独占せずに公開するべきです。

質問力の情報共有化、すなわち、真のナレッジマネジメントができれば、会社、部門、チームとしての能力の底上げにもなりますし、結果として、業績もアップするのです。

そして、ぜひ取り組んでほしいのは、あなた自身の「オリジナル質問」を開発する、ということです。

ぜひ、質問力シートにあなたが開発した「質問フレーズ」を記入していってください。

①アポ取りの質問

□「お役に立ちます。聞くだけでもお聞きになりませんか？」

□「セールスではなく、価値ある情報をお届けしたいのですが？」

□「3割は業績がアップする提案です。聞いてみたいと思いませんか？」

□「一度プレゼンを聞いていただけませんか？　ダメなら○○社に持っていくだけです」

□「○○日はお隣の△△ビルにいます。そのあと時間がありますがいかがでしょう？」
□「コストを激減させたくはありませんか？」
□「あの○○という企画、反響はいまいちではありませんか？」
□「○○社さん（ライバル社）もご活用されている△△をご存じでしょうか？」
□「すみません。この電話を○○様に回していただけませんか？」
□「○○様のご紹介ですが、お電話よろしいでしょうか？」
□「責任者の方から電話を回していただきました。その話は○○様と話し合ってほしい、ということですので、アポのご調整をお願いできませんか？」
□「スペシャリストの○○様から勉強させていただけませんか？」
□「○○の件についてはどなたとお会いすればよろしいでしょうか？」
□「○○を開発しました。社長か担当役員の方にプレゼンしたいのですが、その前に秘書室長様にご吟味いただけないでしょうか？」
□「明日と明後日では、どちらがご都合がよろしいでしょうか？」
□「今週はいつがご都合がよろしいでしょうか？」

②あいさつ・オープニングの質問

□「お元気そうですね？」

□「よりよいご提案をしたいので、何点か質問させていただけませんか？」

□「○○を導入後、社内の雰囲気は変わりましたか？」

□「○○の導入で成果は上がっていらっしゃいますか？」

□「○○についてどういう点が気に入られたのですか？」

□「素敵な○○ですね？」

□「どうすればこんなに素晴らしい○○にできるのですか？」

□「よく一代でこれだけの会社をつくり上げられましたね？」

□「お時間があればご試着だけでもいかがですか？」

③商談中の質問力

□「それはどういう意味ですか？」

□「よくわからないのですが？」

□「そこのところを詳しく教えていただけないでしょうか？」

□「それは複雑そうですね？」

□「それは大変そうですね？」

□「たとえば、どのようなところに疑問を持たれたのでしょうか？」

□「お気に召しませんか？」

□「○○と△△ではどちらがよろしいですか？」

□「どうしてそう思われるのですか？」

□「欲しくなりませんか？」

□「今までに物件をいくつかご覧になりましたか？」

□「こんな提案をさせてもらってもよろしいでしょうか？」

□「利発そうなお子さんですね？」

□「電気代、馬鹿にならないですよね？」

□「冷蔵庫とエアコンが一番電気代がかかることはご存じでしょう？」

□「どんな人生観をお持ちですか？」

□「どんなお店づくりをされているのですか？」

□「後学のためにぜひ勉強させてください。どんな教育をされているのですか？」

④切り返しの質問力

□「どうしてそう思われるのですか？」
□「前向きに解決してみませんか？」
□「具体的に、どのようなところが、難しそうでしたか？」
□「本当に役立てるように考えてみませんか？」
□「どうすれば導入できるか考えてみませんか？」
□「導入するために何かいい方法はありませんか？」
□「どうしてこんなに値が張ると思われますか？」
□「現在、いくらの家賃を支払われていますか？」
□「何年間も支払ってこられたのですね？」
□「そういう目的ならば、○○と△△を組み合わせてはいかがでしょう？」

⑤支払いの質問力

□「お支払いはどうされますか？」
□「現金になさいますか？　それともカードをお使いになりますか？」
□「現金でもカードでもお支払いが可能ですが、いかがでしょうか？」
□「もう一つ、月々の支払額を抑えて、年二回ボーナス払いを併用する方法もございますが、いかがでしょうか？」
□「もっとお安くできます。全社的に導入してみませんか？」
□「ご予算はおいくらでしょうか？」

⑥クロージングの質問力

□「契約書を準備しておりますがいかがいたしましょう？」
□「契約書をご用意しましょうか？」
□「今までの家賃を合計するとすごい金額ですね。十分、頭金になりますよね？」
□「それはそうと、土地はお持ちでしたよね？」
□「初回は無料にいたしましょうか？」

□「とりあえず○○だけにしておきましょうか？」

□「こうすれば契約しやすいのだけど、というものがございますか？」

□「○○さんは賛成していただいた、と考えてよろしいですね？」

□「解約したとたんにまさかがあったら、どうされますか？」

⑦飛び込みセールスの質問力

□「○○様にごあいさつをと思いましてまいりました。ぜひ、お取り次ぎをお願いできませんでしょうか？」

□「ご近所のみなさんに○○の方法をお知らせしているのですが、お客様には必要ございませんか？」

□「ご住所が近かったようなので寄らせていただきましたが、よろしいですか？」

□「そうそう、タレントの○○さんもご愛用されているというのはご存じですか？」

□「○○地域の担当の△△です。□□という新商品のプレゼント・キャンペーン中ですがご存じでしょうか？」

本書は、本文庫のために書き下ろされたものです。

中島孝志（なかじま・たかし）

東京都生まれ。早稲田大学政治経済学部卒、南カリフォルニア大学大学院修了。出版社勤務を経て独立。経営コンサルタント、経済評論家、ジャーナリスト、作家、出版プロデューサー、大学・ビジネススクール講師など幅広く活躍中。

キーマンネットワーク定例会、原理原則研究会（東京・大阪・名古屋・博多）、松下幸之助経営研究会を主宰。講演・セミナーは特に外資系企業で圧倒的な人気を呼んでいる。

主な著書に、『「頭のいい人」は、シンプルに仕事する！』＊『仕事ができる人の「しないこと」リスト』＊『「この人はできる！」と言われる巧みな質問力』（以上三笠書房刊、＊印《知的生きかた文庫》）などがある。ベストセラー多数。累計600万部を超える。

知的生きかた文庫

断《ことわ》られない営業《えいぎょう》マンの質問力《しつもんりょく》

著者　中島孝志《なかじまたかし》
発行者　押鐘太陽
発行所　株式会社三笠書房
〒一〇二－〇〇七二　東京都千代田区飯田橋三－三－一
電話〇三－五二二六－五七三四〈営業部〉
〇三－五二二六－五七三一〈編集部〉
http://www.mikasashobo.co.jp
印刷　誠宏印刷
製本　若林製本工場

ISBN978-4-8379-8182-4 C0130